Nur nicht untergehen

RR

Christoph Kloft

Nur nicht untergehen

Geschichten über den Krebs

Mit einer kleinen Handreichung
zum Umgang mit Betroffenen

Roland Reischl Verlag

Alle Handlungen und Personen in diesem Buch sind frei erfunden.

Bibliografische Information der Deutschen Nationalbibliothek. Die Deutsche Nationalbibliothek verzeichnet diese Publikation in der Deutschen Nationalbibliografie; detaillierte bibliografische Daten sind im Internet über http://dnb.d-nb.de abrufbar.

Layout, Satz und Covergestaltung: Roland Reischl

Originalausgabe 2024: Roland Reischl Verlag
Herthastr. 56, 50969 Köln, www.rr-verlag.de

Druck: Libri Plureos GmbH
Friedensallee 273, 22763 Hamburg

ISBN 978-3-943580-53-2

– Für meine Jungs –

Ein Wort zuvor ...

Es soll kurz sein, das Vorwort zu meinen Krebsgeschichten, denn es gibt nicht viel zu sagen, verfolge ich doch mit diesem Buch keine hehren Ziele: Anderen Mut machen kann ich nicht, denn ich habe selbst keinen. Die Angst kann ich auch niemandem nehmen, denn das funktioniert bei mir selbst ja schon nicht.

Was ich aber kann: Darauf hinweisen, dass das Leben auch mit Krebs bisweilen noch lustig sein kann und es auch dann erlaubt sein muss, hin und wieder zu lachen.

Gewiss, es bleibt einem manchmal im Hals stecken, das Lachen, die Witze werden etwas schärfer, oft sogar zynisch, doch das ist einer der Vorteile von uns Krebskranken: Wir dürfen das, dürfen über Dinge lachen, bei denen andere nur betreten unter sich sehen. Auch über unsere Krankheit dürfen wir lachen. Alles ist erlaubt, das Einzige, was zählt, ist: nur nicht untergehen!

Schließlich gibt es nichts Schlimmeres als nur Betroffenheit um uns herum, und die Lage ist nun wirklich schon ernst genug, als dass man bei jeder Gelegenheit daran erinnert werden möchte.

Ich werde hier nicht Abbitte leisten für die ein oder andere Pointe, die etwas härter ausgefallen ist – leider stammt sie oft ohnehin nicht von mir, sondern von Erkrankten, die mit ihrem schwarzen Humor noch weniger hinter dem Berg halten als ich.

Und damit ist auch das Stichwort gefallen für ein kleines Resümee: Der Humor ist während der Krankheit nicht auf der Strecke geblieben, er ist nur etwas schwärzer geworden.

Damit soll es auch schon genug sein, und ich möchte – wie sich dies für einen derart intellektuellen Text geziemt – mit einem

Bonmot schließen: Nur so regt der kosmopolitische Schriftsteller zum Nachdenken an, nur so rückt er sein Werk in das geistvolle Licht, das ihm gebührt. In diesem Fall handelt es sich um ein Zitat meiner Großmutter, auf das sie gerne bei der Lektüre der Todesanzeigen in ihrer Tageszeitung zurückgriff:

„Seitdem das Sterben Mode ist, ist man seines Lebens nicht mehr sicher."

Wie gut, dass ich mich nie an Modetrends gehalten habe, liebe Oma!

Christoph Kloft
Kölbingen, im August 2024

INHALT

Therapie

Es war einmal ein kleines Tier, das war immer sehr traurig. Nicht etwa war es traurig, weil es nicht zufrieden mit sich gewesen wäre, denn es fand sich ziemlich schön und überhaupt nicht dumm. Das kleine Tier war nämlich von etwas schlichtem Gemüt, aber das wusste es nicht, denn es war, wie es war. Einen jeden, der ihm auf irgendeine Weise imponierte, verehrte es mit grenzenloser Hingabe, und nicht nur das: Es nahm ihn sich zum Vorbild und eiferte ihm nach. Und genau dies war der Grund dafür, dass es eines Tages in tiefe Traurigkeit verfiel, denn da schwärmte es gerade für die Menschen. Das kleine naive Tier bewunderte diese Wesen unendlich, es fand sie klug und stark, alle anderen seiner Idole waren vergessen, es hatte nur noch den Wunsch, so zu sein wie sie.

Umso so mehr tat ihm weh, dass seine Liebe zu den Menschen absolut nicht erwidert wurde, denn sie hatten einer ihrer schlimmsten Krankheiten ausgerechnet seinen Namen gegeben, obwohl er doch so gerne ihr Freund gewesen wäre. Einfach so, ohne es überhaupt zu fragen, hatten sie ein schreckliches Übel nach ihm genannt: „Krebs“.

„Was habe ich ihnen denn bloß getan?“, fragte sich unser einfältiger Krebs immer wieder? Weinend wischte er sich mit seinen Scheren die Tränen aus den Augen: Er tat doch wirklich niemandem etwas zuleide, aber für sie, die er so verehrte, war er so schlimm wie die Pest und die Cholera zusammen. Der Kleine litt so sehr, dass er sich fast nicht mehr zu helfen wusste. Deshalb beschloss er eines Tages, sich Hilfe zu holen. In der Zeitung hatte er gelesen, dass es anderen Tieren genauso erging wie ihm, und deshalb fasste er sich ein Herz und ging zu einem Treffen, bei dem er sich mit anderen austauschen konnte, denen man ebensolche schlechten Dinge nachsagte wie ihm. Vielleicht konnte man dem kleinen Tier dort helfen.

So stand es dann ein wenig ängstlich vor einer großen Tür und klopfte zaghaft an.

„Herein, ist offen!", antwortete von innen eine warme Stimme.

Der Krebs trat ein und sah einen Esel, mit Latzhose bekleidet, der auf einem alten Stuhl saß und die Hinterbeine auf seinem Schreibtisch ausgestreckt hatte. Ein süßlicher Geruch lag in der Luft, den der Krebs auf ein glimmendes Gebilde im rechten Huf seines Gegenübers zurückführte.

Mit hinter dem Kopf verschränkten Vorderbeinen nickte der Esel dem kleinen Krebs zu. Er hatte wohl den verstörten Blick seines Besuchers entdeckt und hielt ihm lächelnd seine dicke Zigarette entgegen.

„So ein kleiner Joint bringt die pure Entspannung und reinigt den Geist", meinte er lässig, zog noch einmal fest daran und drückte das qualmende Ding dann sorgfältig in einem Aschenbecher aus.

Als er damit fertig war, zwinkerte er dem Kleinen grinsend zu und sagte darauf in etwas verbindlicherem Tonfall: „Du, ich find's echt gut, dass du den Weg zu unserer SNDL gefunden hast."

„SN... was?", fragte der Krebs ein wenig überfordert.

„Na, unsere Selbsthilfegruppe für nicht-humane diskriminierte Lebewesen", erklärte der Esel und räkelte sich aus dem Stuhl auf die Beine.

„Du, wir sagen hier alle ‚du' zueinander. Das ist doch okay für dich?" Der Esel streckte ihm den Huf entgegen. „Ich bin Jürgen, ich leite die Gruppe."

„Natürlich", entgegnete der Kleine, der ihm aber leider keinen Namen nennen konnte. Er hieß einfach nur Krebs.

Jürgen lächelte nur wissend, deutete mit einladender Geste zur Tür und führte den Neuzugang sodann in einen Raum, in dem etliche Tiere in einem Kreis versammelt saßen. Zweibeinige waren darunter, vierbeinige, ein Tier hatte gar keine Beine – mehr nahm der kleine Krebs in diesem Moment nicht wahr, denn alles ging ziemlich schnell.

„Leute, ich stelle euch hier unser neues Mitglied vor. Oder nee, du, mach das doch gleich selbst", wurde er von Jürgen aufgefordert. „Lass einfach alles raus, du, erzähl unseren Freund*innen, was dich zu uns führt!"

Der kleine Krebs suchte sich einen Platz in der Runde, während der Esel ebenfalls Platz nahm – Jürgen bevorzugte den Schneidersitz –, nahm sich ein Herz, und dann begann er zu erzählen, weswegen er hierhergekommen war. Als der Anfang gemacht war, redete er sich richtig in Rage und bald sprudelte es nur so aus ihm heraus.

Es dauerte eine ganze Weile, bis er fertig war, und dann sah der aufgeregte Krebs fast nur verständnisvolles Nicken um sich herum. Nur ein Vierbeiner mit einer großen Schnauze schaute gelangweilt aus der Wäsche.

„Du, ich kann das voll verstehen", meinte Jürgen zu dem kleinen Tier. „Und du, das find ich total gut und megamutig, dass du dich uns so geöffnet hast."

Er blickte danach einen nach dem anderen eindringlich an. „Möchte vielleicht von euch jemand etwas dazu sagen?" Der Blick des Therapeuten blieb auf dem Tier mit der großen Schnauze haften, das keinen sehr freundlichen Eindruck auf den kleinen Krebs machte. „Magst du den Anfang machen, Isegrimm?"

„Was soll ich dazu sagen?", antwortete der Angesprochene mürrisch. „Ich kann nichts dafür, wenn sich die Leute mit ihren fetten Beinen einen Wolf gelaufen haben, und wenn der kleine Bursche genau das tut, um hierher zu kommen und sich diese dämliche Schwafelei anzuhören, dann ist das seine Sache. Ich selbst bin nur hier, weil meine Frau es so wollte. Habe eigentlich ganz anderes zu tun!"

Man sah, dass der Kauz nicht bei der Sache war – ihm lief das Wasser nur so aus dem Maul, was offenbar an zwei anderen Mitgliedern der Gruppe lag, die er die ganze Zeit über nicht aus den Augen ließ.

„Man sieht, der Gute braucht noch ein paar Sitzungen", meinte der Esel entschuldigend zum Krebs, um sich dann gleich dem Wolf zuzuwenden. „Bitte ganz entspannt, lieber Isegrimm. Und ihr beiden kommt jetzt auch mal runter!" Weil die zwei Tiere, die die Begierde des merkwürdigen Sonderlings geweckt hatten, inzwischen am ganzen Leib zitterten, übernahm der Esel ihre Vorstellung. „Ich sehe, es geht euch im Moment nicht gut, und das ist voll okay. Also, lieber Krebs, du stehst mit deinem Problem nicht alleine hier!" Er wies auf das erste Tier: „Nach unserm lieben Freund hier haben die Menschen die Krankheit ‚Ziegenpeter' genannt. Auf das zweite zeigend, erklärte er, dass es Pate gestanden habe für die sogenannte „Hasenscharte".

„Besser ein echter als ein falscher Hase", knurrte der Wolf launisch und fletschte die Zähne: „Der schmeckt wenigstens."

Der kleine Hase schrak zusammen, sodass sich Jürgen augenblicklich wieder einschalten musste: „Du, hier sollen sich alle wohlfühlen, mein bester Isegrimm. Deshalb lass solche Bemerkungen besser. Find ich jetzt echt doof von dir!"

„Hier versteht keiner einen kleinen Spaß", gab sich der Wolf kleinlaut, „aber bevor du wieder meine Frau anrufst ..."

„Du, das habe ich mit euch beiden im Vorgespräch so vereinbart", sah sich Jürgen offenbar zu einer Erklärung genötigt. „Hier ist jeder absolut frei, und nichts geschieht gegen deinen Willen! Du warst selbst damit einverstanden, dass wir das so handhaben."

„Sonst hätte mir die Alte zu Hause wieder die Hölle heiß gemacht", maulte der Wolf, wobei seine Stimme aber schon deutlich leiser wurde.

Ein verliebtes vierbeiniges Pärchen schickte sich an, die Situation zu retten. „Manchmal jammern die Menschen, dass sie einen

Kater haben", klagte die Frau. „Dabei bin doch nur ich es, die dich hat. Und einen Muskelkater habe ich von dir auch noch nicht bekommen!" Die letzten Sätze hauchte sie ihrem Mann mit laszivem Augenaufschlag zu und schmiegte sich darauf ganz dicht an ihn. „Genauso wenig, wie ich in unserem kuscheligen Schlafkorb jemals einen Katzenjammer von dir gehört hätte, meine Liebste", gab der Angeschmachtete schnurrend zurück, indem er zärtlich die Pfote seiner Gattin streichelte.

Allmählich brach das Eis, und die Tiere begannen von sich aus zu reden. „Ich bin kein grauer und mein Kollege hier ist schon gar kein grüner Star", sagte ein kleiner Vogel. Sein Freund blickte indes nur abwesend unter sich. Dem Krebs schien er sehr verschüchtert zu sein. „Seht doch nur, wie schlecht es ihm geht!", fuhr der Sprecher fort, während der verstörte Begleiter immer mehr in sich zusammenkroch. „Als ob er einer Seele etwas zuleide tun könnte. Eine schlimme Augenkrankheit nach ihm zu benennen – ausgerechnet ihm tut man das an, der früher so lustig war!"

„Was soll ich da erst sagen?", meldete sich ein größerer Vogel zu Wort, indem er grinsend das Bein hob: „Wer kann schon etwas Negatives an einem solch wundervoll ausgebildeten Krähenfuß finden? Aber ich mach mir nichts daraus. Die Menschen sind sowieso dumm. Sollen sie ihre Falten doch nennen, wie sie wollen! Mir verderben sie den Spaß damit jedenfalls nicht!"

„Und warum bist du dann hier?", nahm sich der Krebs ein Herz zu fragen.

„Weil ich es lustig finde, mir das alles anzuhören!", kam postwendend die fröhliche Antwort.

Ein besonders großer Vogel schüttelte verständnislos den Kopf: „Ich finde das gar nicht lustig. Ich habe nämlich noch niemals einen Menschen gebissen, trotzdem reden sie von einem Storchenbiss! Wenn die weiter so machen, werde ich ihnen mal zeigen, was das ist." Bei seinen letzten Worten riss er den großen Schnabel weit auf.

„Nun bin ich aber mal an der Reihe", ließ sich ein unendlich langes Tier hören, das weder Arme noch Beine hatte. „Ich bin keine falsche Schlange. Seht doch, wie echt ich bin!" Sie nahm nicht wahr, dass bei ihren Worten alle mit den Augen rollten. Offenbar war sie bekannt dafür, etwas schwer von Begriff zu sein.

Der Esel hörte sich die Klagen ruhig an. Als niemand mehr etwas sagte, blickte er einen nach dem anderen eindringlich an.

„Also, ich find das total super, Leute, dass ihr euch so geöffnet habt. Das ist echt belastend, was ihr da sagt. Dafür hat unser Neuer gleich gesehen, dass er nicht alleine ist mit seinem Problem. Versucht bitte, eure Aversionen im Zaum zu halten, auch wenn ich supergut verstehe, dass euch die Menschen voll aggro machen. Und wenn jemand wie unser grauer Freund noch nicht so weit ist, dann soll er sich einfach nur mal fallenlassen. Macht alles, was euch guttut, spürt in euch hinein und lasst raus, was euch fertigmacht. Lasst mich nun mal ganz kurz von mir erzählen: Mich benutzen diese unmöglichen Zweibeiner nämlich, um sich gegenseitig zu beschimpfen. ‚Du bist dumm wie ein Esel', sagen sie im Streit zueinander. Ein dummer Esel!

Heute lache ich darüber, aber früher hat mir das echt viel ausgemacht. Mein ganz persönlicher Weg war zuerst, dass ich total störrisch geworden bin und ihnen keinen einzigen Gefallen mehr getan habe. Aber ich habe das irgendwann aufgegeben, denn es kostete mich nur unnötige Energie. Und die brauchte ich schließlich, um sie durch mich hindurch fließen zu lassen, mich zu spüren, meine innere Mitte zu finden. Also habe ich mein Leben in die Hand genommen nach dem Motto ‚Selbst ist der Esel'! Mein Hobby war schon immer, neue Leute kennenzulernen, deshalb bin ich nach Indien getrampt, habe dort ein Jahr in einem Aschram gelebt, wo ich mit Meditation und Askese auf den Weg zu meinem inneren Ich geführt wurde. Ich habe meinem Guru unendlich viel zu verdanken, er hat mir gezeigt, wer ich eigentlich bin. Als ich endlich all die unwesentlichen Dinge der Vergangenheit abgestreift hatte, kehrte ich völlig tiefenentspannt zurück und machte im zweiten Bildungsweg die Therapeutenausbildung – das übrigens alleinerziehend mit drei kleinen Kindern im Stall.

Meine Frau hatte sich über meiner Krise einen anderen Lebensgefährten gesucht, was ich auch heute noch völlig in Ordnung finde. Wir verstehen uns prima und sind immer noch gute Freunde. Aber das muss euch nicht interessieren: Ich wollte euch damit nur sagen, dass ich alles, was kam, als gutes Karma angenommen habe. Ich weiß, dass ich nicht dumm bin, mit Intellektuellen wie mir können die Menschen nun mal nichts anfangen, deshalb heften sie mir das Etikett der Dummheit an. Und soll ich euch mal was sagen? Das hat für mich absolut keine Relevanz mehr, oder – damit es alle verstehen: Das ist mir echt schnurzpiepegal!"

„Und warum reden sie vom starken Löwen, dem klugen Fuchs und der schlanken Gazelle?", schaltete sich der Storch ein. „Die kriegen ihr Fett auch nicht weg."

„Ich auch nicht", mischte sich die Schlange ein, „nicht ein Gramm nehme ich ab, auch wenn ich noch so sehr faste!"

Wieder blickten sich alle kopfschüttelnd an.

„Ich kann dich voll gut verstehen, lieber Adebar", sagte der Therapeut, ohne auf das kleine Zwischenspiel einzugehen. „Aber wir haben echt keine andere Wahl: Wir müssen unseren Frust einfach rauslassen. Findet euch damit ab, dass es so ist, wie es ist, und ihr werdet euch augenblicklich besser fühlen. Euer Ego darf nicht unter äußeren Einflüssen leiden!"

„Ich mag mich aber nicht damit abfinden", grunzte vornehm eine Teilnehmerin, die sich bisher nur still die Klauen gefeilt hatte. „Niemand darf von mir behaupten, dass ich schmutzig bin. Ich verabscheue Dreck! Wie kann man nur darauf kommen, Sau als Schimpfwort zu benutzen? Sau reimt sich schließlich auf Frau, und eine solche bin ich ja wohl! Und was für eine." Dabei warf sie sich eitel in die Brust.

„Ich finde auch, wir müssen was tun“, traute sich der kleine Krebs in die Runde zu rufen. „Was kann denn ich für diese elende Krankheit der Menschen?“

Der geschulte Therapeut sprach ruhig auf ihn ein: „Du, lass deine Gefühle raus, lass sie einfach raus, und dann versuchst du deine Mitte zu finden und du wirst zur Ruhe kommen“.

„Nein, nein und wieder nein!“, schrie der Krebs plötzlich fast hysterisch. Alles stieg in ihm hoch, und er hatte das Gefühl, dass er sich in dieser Runde nicht verstellen musste.

Die Damen hielten sich die Ohren zu, und der Wolf knurrte: „Schmeiß das Vieh raus, kann ich eh nix mit anfangen! Dafür gibt es hier ganz andere ...“ Sein lechzender Blick schweifte zur Sau.

„Es tut mir leid, du“, sagte der kluge Esel zum Krebs, der sich nur langsam beruhigen wollte, „aber mein Job ist es auch, dass ihr lernt, eure Gefühle im Griff zu halten. Schrei-Therapie machen wir in einer der nächsten Sitzungen. Fühl nur sachte in dich rein, du, und du wirst sehen, dass es gut ist, so zu heißen, wie du heißt. “

Jürgen schloss die Augen, sog tief die Luft ein und blies sie laut hörbar wieder aus.

„Das will ich gerne tun“, sagte nach einer Weile der kleine Krebs, der sich wieder etwas gefasst hatte. „Ich finde meinen Namen ja eigentlich nicht schlecht, aber warum nennen die Menschen ihre Krankheiten nicht nach sich selbst?“

„Das ist es!“, rief der Wolf. „Warum nennen die Schurken ihre Krankheiten nicht nach ihresgleichen? Es gibt doch nun wirklich genug Idioten unter ihnen!“

„Bitte nicht solche schlimmen Wörter in Gegenwart einer Dame!“, echauffierte sich die Sau.

„Da hast du natürlich recht, du“, sagte der Esel. „Obwohl es in meiner Gruppe grundsätzlich natürlich keine Denkverbote gibt. Aber ihr Lieben, ich find das echt eine Mega-Idee, dass die Menschen ihre Krankheiten nach irgendwelchen verrückten Artgenossen nennen. Vielleicht hören wir alle einmal in uns hinein und überlegen uns, welche Namen das sein könnten ..."

„Ich kenne keine einzige von diesen widerlichen Witzfiguren", brummte der Wolf.

Der kleine Krebs hatte eine Idee: Er schlug vor, den Menschen einen Brief zu schreiben mit dem Vorschlag, die üble Krankheit, die wie er hieß, einfach umzubenennen.

„So ein Blödsinn", maulte der Wolf.

„Uns ist alles recht", meinte der Kater. „Es darf nur nicht so lange dauern. Wir beide haben heute nämlich noch was vor!" Dabei warf er einen lüsternen Blick auf seine Frau, die diesen mit einem ebensolchen Augenaufschlag erwiderte.

„Auf uns hört doch sowieso keiner", sagte der Wortführer unter den Staren. „Und seht doch, wie depressiv mein Kollege darüber geworden ist. Kein Wort kommt mehr aus ihm heraus." Der zweite Star zuckte kurz zusammen und verfiel dann wieder in seine alte Lethargie.

„Passt auf", meldete sich Jürgen zu Wort, „wenn es euch nicht stört, habe ich eine Idee. Wir machen das nämlich ganz anders: Imagination ist das Stichwort! Ich schlage vor, ihr konzentriert euch jetzt, schließt die Augen oder lasst sie offen, so wie es am besten für euch ist! Und dann lasst ihr los, euer Geist ist frei und ganz auf sich gestellt. Langsam löst er sich von euren Körpern ..."

„Psychospielchen", murrte der Wolf, rollte sich aber zusammen und schwieg, nachdem der Esel wie nebenbei auf sein Handy gezeigt hatte.

Jürgen hatte beide Vorderhufe um die Knie geschlungen, schloss die Augen und fuhr mit ruhiger Stimme fort: „So Leute, wir machen jetzt eine kleine Reise, eine Reise in die Welt der Fantasie. Nun stellt ihr euch vor, wie ihr eine lange Liste mit Namen von Menschen zusammenstellt, die sich nicht so dufte benommen haben. Dann überreicht ihr das Schreiben in euren Gedanken an die Menschen und stellt es ihnen frei, sich den Schlimmsten auszusuchen. Und später hört ihr zu, wie sie sich beraten. Habt ihr das Bild vor Augen? Ihr seid nun ganz dicht bei ihnen."

„Ich habe nur ein fettes Schweineschnitzel vor Augen, in das ich nicht beißen darf", war der Wolf zu hören. Aus der anderen Ecke kam ein aufgeregtes Quieken.

„Wie ist noch die Telefonnummer?" Auf Jürgens Frage hin kehrte sofort wieder Ruhe ein. „Ihr lauscht nun gebannt der Beratung! Lasst die Bilder aufsteigen, lasst euren Geist fließen!", gebot er mit suggestiver Eindringlichkeit, um nach einem Moment der Stille zu fragen: „Hört ihr ihre Stimmen? Hört ihr, was sie sagen?"

„Ich höre gar nichts", meinte der Wolf.

„Ich höre jedes Wort, das unser Jürgen sagt", rief die Schlange.

Isegrimm schlug die Pfoten über dem Kopf zusammen: „Das Licht brennt, aber es ist keiner zu Hause!"

„Ruhig!", wurden die beiden von der Krähe angefahren, die plötzlich ganz glasige Augen hatte. „Hört ihr sie nicht: Der eine sagt: ‚Ich habe Lungenhitler, wie hört sich das denn an?' der andere: ‚Klingt Haut-Idi-Amin etwa besser?' ‚Blutnero und Leberstalin', rufen andere dazwischen."

Die Stimme des Vogels klang auf einmal völlig verändert – leise und monoton. „Die Beratung dauert sehr lange", fuhr die Krähe fort, „bald geht es nicht mehr darum, wie etwas klingt, sondern, ob die Träger der eingereichten Namen wirklich so furchtbare Zeitgenossen gewesen sind. ‚Der soll der Böseste gewesen sein. Seht euch doch jenen an, der war viel schlimmer.' Und: ‚Ihr hattet schon immer was an ihm auszusetzen, für uns war er der Beste!' Es dauert viele Tage, und am Ende gehen die Menschen auseinander, ohne dass sie sich geeinigt haben, wer der Böseste unter ihnen gewesen ist" – hier brach die Krähe ab, der kleine Krebs merkte ihr die Erschöpfung deutlich an.

„Es gibt einfach zu viele Halunken unter ihnen", kommentierte der Wolf abfällig.

„Mir soll's egal sein, wenn wir nur recht bald ..." Die Stimme des Katers war zu hören und das Schnurren der Gattin. „Was meinst du, Liebling?"

„Besser jetzt als gleich!", war die vielsagende Antwort.

Der studierte Esel schlug dagegen die Hufe zusammen und rief verzückt: „Du, das macht mich jetzt echt fertig! Unsere liebe Krähe, was für ein Medium! Besser hätte ich es euch nicht zeigen können: Die Menschen sind so dumm, dass sie nicht mal wissen, was gut und böse ist!"

„Und manchmal beschimpfen sie sich sogar mit dem eigenen Namen", warf noch halb benommen der stolze Rabenvogel ein. „‚Menschenskind' rufen sie dann oder ‚Du Homo'!"

„Genau", rief der Esel. „Homo heißt nämlich nichts anderes als Mensch. Zweites Semester Psychologie. Aber nun genug mit unserer virtuellen Reise. Ich denke, es ist Zeit, dass ihr alle wieder in eure Körper zurückkehrt!" Fest schlug er mit dem rechten Vorderhuf auf den Tisch.

„Was ihr alles wisst!", meldete sich schläfrig die Schlange zu Wort, die sich mit ihrem Ende über die Augen wischte. „Ich habe nichts davon verstanden."

Der kleine Krebs war dagegen tief beeindruckt von dem, was er soeben erlebt hatte.

„Aber echt", meinte er bewundernd zur Krähe. „Auf diese Namen muss man erst mal kommen. Du warst wirklich ganz weit weg von allem!"

„Google macht's möglich!", antwortete der Vogel jetzt grinsend. Triumphierend hielt er ein Smartphone in die Luft.

„Du, das find ich jetzt aber wirklich nicht gut!" Der Therapeut rang sichtlich um Fassung. „Du hast uns voll auf den Arm genommen! Total unterirdisch! Dabei wisst ihr doch, dass ihr die Mobiltelefone draußen lassen sollt. Ich mag diese Dinger nun einmal nicht, und wie sich gezeigt hat: mit vollem Recht!"

„Wer nicht mit der Zeit geht, muss mit der Zeit gehen", erwiderte die Krähe pfiffig und schlug dabei fröhlich mit den Flügeln.

„Sie hat uns voll verarscht", meckerte die Ziege.

„Ein bisschen Spaß muss sein!" Augenzwinkernd sah die Krähe in die Runde und ließ ihr Handy wieder unter dem Tisch verschwinden.

Genervt hob die Katze plötzlich die Pfote: „Um das Ganze abzukürzen, denn wir wollen so rasch wie möglich nach Hause" – sie warf einen liebeshungrigen Blick auf den Gatten – „also, wir zwei kennen die Menschen ja ziemlich gut, denn wir leben schließlich mit ihnen unter einem Dach. Ich weiß wirklich nicht, warum man sie sich zum Vorbild nehmen sollte. Sie sind einfach nur dumm – meine stecken sich komische Stängel in den Mund und dann raucht es aus ihnen. Dass sie sich damit krank machen, ist ihnen egal. Oft trinken sie auch eine Flüssigkeit mit Gift, und danach können sie nicht mehr richtig sprechen. Wenn es ihnen am nächsten Tag schlecht geht, jammern sie rum, wundern sich und dann kommen unsere Namen ins Spiel. Einmal im Jahr holen sie sich sogar einen Tannenbaum ins Haus, und ein paar Wochen später verkleiden sie sich, trinken wieder dieses seltsame Zeug und sind den ganzen Tag über nur albern."

„Und ich habe sogar schon gehört, dass sie sich gegenseitig umbringen", entrüstete sich die Schweinedame.

„Wie saudumm ist das denn?", ließ sich die Schlange hören, die dafür gleich einen wütenden Blick der Sau erntete.

Man hörte den Wolf schnarchen. „Lass ihn", bat der Hase, „dann kann ich mich wenigstens auch mal ein wenig entspannen."

Der Therapeut, der bereits längst wieder ganz der Alte war, nickte ihm aufmunternd zu und hob zu seinem Resümee an: „Nun ihr, liebe Mittier*innen, ihr habt heute hoffentlich verstanden, wie wir mit unseren Problemen umgehen sollen. Wir ändern nichts daran, dass der Name der üblen Krankheit bleibt, wie er ist. Doch sollte dir, mein lieber Krebs, schon die Erkenntnis das Leben leichter machen, dass ihr dieser Name nicht von Wesen gegeben worden ist, die unser Vorbild sein könnten, sondern vielmehr von den dümmsten Geschöpfen unter der Sonne. Lass das bitte in dir wirken, es wird dir helfen, mit deinem Problem besser umzugehen! Du musst einfach akzeptieren, dass unsere Namen nun einmal so absolut doof missbraucht werden, aber was kann man denn von Doofen auch mehr erwarten?"

Der Krebs verstand. Er konnte nur bewegt nicken. Was dieser Jürgen nur alles in einer einzigen Stunde in ihm verändert hatte!

„Das kapier ich nicht", ließ sich die Schlange hören.

„Logisch, es gibt kaum etwas, das du kapierst!", antwortete der Storch für alle andern.

„Nicht streiten, ihr Lieben, das fänd ich jetzt echt daneben", beschwichtigte Jürgen die Gemüter. „Wir haben heute eine supi Sitzung erlebt, und ich hab euch alle ganz doll lieb. Gehabt euch wohl, meine Freunde, im Nebenraum wartet schon die nächste Gruppe. Ihr aber tut mir den Gefallen: Lasst eure positive Energie fließen! Wenn ihr trotzdem mal Sorgen in den nächsten Tagen habt, steckt sie alle zusammen in eine Kiste. Die werden wir dann beim nächsten Mal zusammen hier öffnen, und ich zeig euch, wie ihr damit fertigwerdet." Der Therapeut warf ihnen allen mehrere Kusshände zu, während er sich mit einem „Ciao! Ciao!" an der Tür verabschiedete.

„Hätte lieber 'n fetten Hasen in der Kiste als diesen ganzen Quatsch hier", grummelte der Wolf, der inzwischen wieder aufgewacht war und unwirsch aus dem Raum trottete.

Der kleine Krebs aber ging nach der Sitzung völlig zufrieden nach Hause. Schon lange nicht mehr hatte er eine solche innere Ruhe in sich gespürt. Auch wenn die Krähe nicht ganz ehrlich gewesen war, so hatte er den Streit der Menschen genau gehört und alles verstanden, was Jürgen ihm mit auf den Weg gegeben hatte. Wie gut, dass er zu dieser Gruppe gestoßen war! Wenn sich diese merkwürdigen Wesen schon von einem so kleinen Tier wie ihm einschüchtern ließen, dann konnte es mit ihrer Klugheit wirklich nicht weit her sein! Dann kam ihm plötzlich ein Gedanke, der ihm ausgesprochen gut gefiel, und er spürte, wie seine Brust vor Stolz anschwoll: Was für ein wichtiges Geschöpf musste er denn sein, wenn diese einst von ihm so verehrten Zweibeiner eine solche Angst allein vor seinem Namen hatten! All diese Einsichten hatte er nur einem einzigen Tier zu verdanken! Und dann stieg – am Anfang noch verschwommen, später immer deutlicher – ein Wunsch in dem kleinen naiven Krebs auf: Er wollte auch Therapeut werden, wie Jürgen wollte er werden, ganz entspannt sein, nie mehr den Wunsch haben, solchen Dummköpfen wie den Menschen zu gefallen, denn jetzt hatte er endlich ein richtiges Vorbild gefunden – einen mega-intellektuellen Esel!

Tischgespräche

Über die Nachteile der Krankheit Krebs ist schon vieles verlautbart worden – dem kann sich der Verfasser dieser Zeilen nur anschließen. Es macht schlichtweg keinen Spaß, Krebs zu haben. Dennoch gibt es auch diese hellen Momente, und dies sind nicht nur die mitleidigen Blicke der Mitmenschen, das aufmunternde Schulterklopfen, das nahezu immer hilft, enorm einfühlsame Worte wie „Du schaffst das!", nein, der Kranke genießt zweifellos auch Privilegien, und die sollte er nun, da seine Tage in den Augen der meisten Wegbegleiter gezählt sind, auch so richtig genießen. Eines dieser Privilegien ist das, kein Blatt mehr vor den Mund nehmen zu müssen. Wer wollte einen Todkranken darob schon rügen, wer ihm deswegen dauerhaft den Rücken kehren?

Krebspatienten, das habe ich gelernt, zeichnen sich bisweilen durch eine erfrischende, gelegentlich auch zynische, vielen sogar brutal erscheinende Ehrlichkeit aus. Das sind vor allem jene, die sich mit ihrem Schicksal abgefunden haben, wohl wissend, dass ihre Verweildauer auf diesem schönen Planeten nicht mehr allzu lange währen wird, und die nun aber, statt den Kopf in den Sand zu stecken, all das tun, was ihnen Konvention und Contenance bisher verboten haben. In meinem Fall, der sich noch nicht ganz so gravierend zeigt, ist diese Ehrlichkeit bislang weniger stark ausgeprägt, denn ich möchte den Leuten auch nach der Krankheit noch unter die Augen treten können.

Nichtsdestotrotz bin ich in deren Verlauf in den Genuss gekommen – und ich wähle ganz bewusst diesen Begriff – mit dem ein oder anderen ins Gespräch zu kommen, von dem ich mich früher vielleicht brüsk abgewandt hätte, denn weder die Inhalte seiner Äußerungen noch die Art der Formulierungen wurden so gewählt, dass sie zu dem intellektuellen Austausch taugten, den ich vormals so gerne gepflegt hatte – man mag an den letzten Sätzen erkennen, dass ich mich noch längst nicht dem Tode nahe wähne, denn sie sind schlechterdings gelogen: Auch in gesundem Zustande hat mir nämlich das Medisieren – im Volksmund: das Lästern über Zeitgenossen – bereits erhebliche Freude bereitet; es wuchs sich aus zu einer Leidenschaft, die ich aus den oben erwähnten Gründen leider stets zu unterdrücken hatte, wobei ich zu meiner Ehrenrettung behaupten möchte, dass ich damit nicht alleine bin! Jedenfalls konnte ich auch vor der Krankheit schon herzlich lachen über Beobachtungen, die – zusammengeführt aus vielen Mündern – ein vermeintlich stimmiges Bild ergaben und zumindest eine Hilfestellung anboten, sich gegen solche Weggenossen zur Wehr zu setzen, gegen die ansonsten kein Gras gewachsen schien.

Ich möchte die Leser nun nicht zu sehr auf die Folter spannen, muss zur Aufklärung aber dennoch ausführen, dass der Weg des Patienten, wie bei den meisten anderen Kranken, zunächst über den Haus- oder Facharzt, dann über eine mehr oder weniger spezialisierte Klinik führt – hier hat man kleinlaut, ja geradezu devot zu sein, denn es ist allgemein bekannt, dass mit dem medizinischen Personal bisweilen nicht zu spaßen ist, besonders wenn man sich erdreistet, seine Leistung in Anspruch zu nehmen.

Anschließend geht es meist in eine Klinik für Rehabilitation; inzwischen vollumfänglich informiert über die individuelle Prognose, psychisch erstarkt, wird diese weitere Phase angetreten: man weiß, was man will – man weiß, was noch zu erwarten ist – hinzukommt, dass man erst hier endlich das Hamsterrad verlassen darf, in das wir seit unserem Arztbesuch geschickt wurden. Mit etwas Glück erhält man in der Reha dann Aufklärung darüber, dass eine depressive Stimmung zum jetzigen Zeitpunkt nur der raschen Umdrehung des genannten Rades geschuldet ist, das Ermüdungssyndrom – fachsprachlich: Fatigue – schlägt nun allzu gerne mit voller Macht zu.

Als Routinier in Sachen Krebs weiß ich dem zu begegnen, fühle mich durchaus ein wenig erhaben über meine Mitpatienten und überspringe diese Phase einfach, denn nur so kann ich meiner oben bereits eingeräumten Passion, dem – wir belassen es bei dem vornehmen Begriff – Medisieren, mit ungetrübter Freude nachgehen. An dieser Stelle ergreife ich die Gelegenheit, meine Bitte um Verzeihung einzuschieben und werbe um Verständnis, dass hier gänzlich auf den Versuch einer gendergerechten Sprache verzichtet wird – zu meiner Entschuldigung führe ich an, dass ich dies aufgrund des erwähnten Mangels, Dinge im Gedächtnis zu behalten und einmal Begonnenes stringent fortführen zu können, ohnehin nicht durchhalten würde, aber natürlich ist das weibliche Geschlecht mit angesprochen, sämtliche anderen Geschlechter dürfen sich ebenfalls eingeladen fühlen, mir zu folgen.

Nach dieser persönlichen Erklärung will ich jetzt aber flugs den Faden wieder aufnehmen: Zu meinem Leidwesen – und diese Feststellung entbehrt tatsächlich jeder Ironie – sei von vornherein zugegeben, dass ich bei diesem neuerlichen Reha-Aufenthalt – ein erster lag zehn Jahre zurück – in die Defensive, gleichsam in die Rolle des stillen Beobachters gedrängt wurde, denn – das muss ich mit aller gebotenen Offenheit zugeben – hier fand ich meinen Meister, war doch der Grad seiner Krankheit so beschaffen, dass er es sich auch leisten konnte, unverblümt und ohne Rücksicht auf das eigene Ansehen seine spitzen Pfeile abzuschießen, und zwar, wann immer und wo immer er wollte.

Ich muss im Grunde nicht betonen, dass damit nicht die billigen Gemeinheiten über körperliche Gebrechen gemeint sind, Defizite, wie sie in der Schule Anlass zu Hänseleien geben, denn die haben hier alle, auch die Lästermäuler –, nein gemeint sind die Pfeile, die gegen Arroganz, Borniertheit und Bigotterie abgeschossen werden, um sich eben dieser anerzogenen Absonderlichkeiten zu erwehren, mit denen der andere das Recht zu haben glaubt, sich über Menschen vermeintlich niederen Schlages zu erheben.

Es ist nach der langen Vorrede nunmehr an der Zeit, den Leser und die Leserin in das Innere einer solchen Reha-Klinik zu entführen, namentlich deren Speisesaal. Dieser ist sozusagen die Herzkammer allen gesellschaftlichen Lebens, hier strömen sie zusammen, die Patienten, denen der Krebs mehr oder weniger zugesetzt hat, ein Querschnitt der Gesellschaft, Begriffspaare wie arm und reich ließen sich zuhauf bilden, doch konzentrieren wir uns lieber auf fein und weniger fein – wozu die einen und wozu die anderen Protagonisten unserer kleinen Geschichte gehören, mag der Leser selbst entscheiden. Fest steht jedenfalls, dass das Reden über andere Leute ein beliebter Zeitvertreib ist.

Über was soll man sich auch sonst unterhalten, wenn man dazu verbannt ist, für mehrere Wochen mit immer denselben Tischgenossen die Mahlzeiten einzunehmen – und ich von meinem letzten Aufenthalt noch weiß, dass das einzig verbindende Thema Krankheit tabu ist, zumal man hierüber in der langen Zeit, die dem Essen vorausgeht und folgt, schon reichlich genug hört. Aber sammeln wir uns – ob ich vielleicht den Hang des Patienten zu unnötiger Wiederholung, ausschweifender Darstellung und Vergesslichkeit erklärt habe? Sofern ich behauptete, dass ich mich von all dem ausnehmen kann, so merke ich spätestens jetzt, dass dies nicht unbedingt der Wahrheit entspricht. Aber auch das weiß ich nicht mehr, ich habe es vergessen, genieße den Vorteil des Krebskranken, nicht mehr nachlesen zu müssen, und komme darum auf der Stelle – quasi übergangslos – zum Wesentlichen, nämlich dem Kernstück dieser kleinen Erzählung:

Wer also immer noch möchte, begleite mich nun unverzüglich ins Innere der erwähnten Reha-Klinik – wobei ich annehme, dass sich diese Einrichtungen allesamt nicht wesentlich unterscheiden werden –, begleite mich dorthin, wo all die unterschiedlichen

Charaktere aufeinanderprallen, nämlich in den bereits erwähnten Speisesaal. Die Gepflogenheiten in einem solchen sind für den Neuankömmling bisweilen ein wenig gewöhnungsbedürftig. Gewiss, der alte Hase kann von einer Erfahrung profitieren, die er durch seinen letzten Aufenthalt hier gewonnen hat, dennoch sind die Eindrücke in den Jahren, in denen er glaubte, nie wieder hierher zurückkehren zu müssen, doch recht verschwommen und die Menschen sind auch wieder andere.

Beim ersten Betreten wird schnell klar, dass sich rein äußerlich kaum etwas verändert hat, alles ist wieder da, weil es noch da ist. Wie damals sind in dem riesigen Raum die Tische fein säuberlich aufgereiht, von drei größeren Gängen im Längsschnitt durchzogen, damit hier – wohl vor allem für die Herrschaften mit Rollatoren – ein vernünftiges Durchkommen ist. Jeder Tisch hat seine Nummer, jeder Patient seinen festen Platz. Auf Gedeih und Verderb ist er mit drei weiteren Leidensgenossen zusammengewürfelt, ist er dazu verdammt, mit ihnen zu speisen, ob er nun will oder nicht. Sofern er eine Mahlzeit auszulassen gedenkt, hat er sich abzumelden, ansonsten muss er damit rechnen, dass das Klinikpersonal in seinem Zimmer auftaucht und ihn zur Rechenschaft zieht.

Einem pflegeleichten Menschen wie mir macht die Gesellschaft anderer beim Essen nun wenig aus – der Leser darf den mangels Kreativität oben verwandten Begriff ‚verdammt' darum gerne durch einen anderen, gefälligeren ersetzen –, gerne beteilige ich mich an den mannigfaltigen Unterhaltungen über Qigong, Tanzkurse für Senioren, Diätküche und Fußball, wobei ich mich bei dem Verein, dem ich anhänge, ganz nach den anderen richte, und nach dem ersten Zusammentreffen, als ich die jeweiligen Interessen kenne, bereite ich mich mit der Hilfe des Netzes sorgfältig auf die kommenden Konversationen vor, damit ich den einen oder anderen geistreichen Beitrag hinzusteuern kann. Dies jedoch, so wird sich alsbald herausstellen, ist nur das Warmlaufen, meine Recherchen laufen schnell ins Leere.

Bereits bei der Vorstellungsrunde ist nämlich ein weiteres Privileg von Krebskranken zutage getreten: Anders als die Gesunden müssen sie ihrer Neugierde keine Fesseln anlegen. Nach der ersten Begrüßung – logisch, dass das Du obligatorisch ist – wird der Neue unverhohlen mit diversen Fragen konfrontiert – allerdings nicht etwa mit der nach der Art seiner Krebserkrankung; er nutzt die Gelegenheit, sich ins beste Licht zu stellen, und ist bemüht, sich mit ein paar lustigen Episoden einen Platz im Herzen seiner Mitesser zu erobern.

Wie damals, so hat er auch heute wieder Glück: Die Leute – zwei Männer und eine Frau – sind allesamt umgängliche Zeitgenossen – einer der Herren scheint etwas kauzig, aber das ist absolut kein Grund, ihm meine Sympathie vorzuenthalten. Beate, so nenne ich die Dame, weil sie für mich noch heute aussieht wie eine Beate und ich ihren wirklichen Namen zum einen nicht preisgeben möchte, zum anderen ihn vergessen habe, dürfte um die vierzig sein, hat wie alle anderen Frauen hier sehr kurze Haare – Brustkrebs, Chemo; die Männer haben beide die sechzig überschritten, scheinen aber noch sehr rüstig, wobei es den Kauz recht übel erwischt haben muss, macht er mir doch einen sehr mitgenommenen Eindruck.

„Ich habe Krebs", sagt er gleich zur Begrüßung. „Ich auch", antworte ich.

„Krebs ist scheiße! Krebs ist nicht sinnvoll, such dir was anderes aus!"

Die beiden Sätze wurden auf reinstem Kölsch geäußert, nur das ist in dem Moment für mich ausschlaggebend, denn hier könnten sich Anknüpfungspunkte ergeben.

Ich bleibe eine Antwort schuldig, mir fehlt in dem Moment die Schlagfertigkeit. Ist die Erwähnung der Krankheit nicht verpönt? Was hat sich im letzten Jahrzehnt noch alles geändert? Damit also ein kleiner Widerspruch zur Behauptung von eben, wonach der Krebs bei Tisch keine Rolle spielt. Nach der Sorte, die ich mir ausgesucht habe, werde ich nicht gefragt und verkneife mir dies auch umgekehrt.

Ich merke, dass man in den letzten Wochen recht vertraut miteinander geworden ist, und begreife, dass ich Mühe haben werde, den Vorsprung einzuholen. Tratschen, auch Lästern – wir wollten es weiter vornehm Medisieren nennen – gehört wie selbstverständlich zu den Vorrechten, die man an diesem Tisch für sich in Anspruch nimmt; später werde ich allerdings immer wieder freiwilliger Ohrenzeuge, dass dies bei den anderen Gästen genauso gehandhabt wird.

„Ist Cherie noch nicht da?", fragt der Kölner, der sich mir in meiner fehlgeleiteten Erinnerung als Manfred vorgestellt hat.

Offenbar sehe ich ein wenig irritiert aus der Wäsche, und Beate, die es ein wenig mehr mit der Höflichkeit hat als unser Kölner Freund, wenn auch nur ein ganz klein wenig, wie sich gleich zeigen wird, klärt mich auf: „Das ist die da vorn" – sie nimmt, nicht einmal unauffällig, den Zeigefinger zu Hilfe –, „die mit der schlecht sitzenden Perücke!"

„Wenigstens hat sie die heute auf", wirft Manfred brutal ein.

Der Dritte im Bunde, ich denke, sein Name könnte Rolf gewesen sein – tatsächlich sehr schwierig zu behalten, denn die Vornamen fallen am Tisch nur ein einziges Mal, wer sie sich bei der Vorstellung nicht behalten hat, muss improvisieren –, jedenfalls beteiligt sich Rolf nicht an derartigen Reden, er ist ein Gourmet und erst zufrieden, wenn er das gesamte Büfett abgegrast hat. Erst danach ist von ihm die ein oder andere Bemerkung zu hören, meist geht es um rechtliche Dinge oder Spitzfindigkeiten im Kommunalen, für mich ist er Bürgermeister eines kleinen Dorfes, dem Dialekt nach irgendwo im Pfälzischen.

Nun sollte ich doch allmählich erklären, was es mit Cherie auf sich hat – sorry, aber wer Krebs hat, darf solche Lappalien schon einmal vergessen, Stichwörter: Konzentrationsschwäche, Fatigue-Syndrom – und muss mich deshalb auch nicht für das Ausholen als solches dafür entschuldigen, dass ich den Spannungsbogen so weit gezogen habe, denn die Dechiffrierung hält bei Weitem nicht, was der geheimnisvolle Begriff versprochen hat: Cherie heißt die Dame schlichtweg, weil dies offenbar der Kosename für ihren Mann und umgekehrt ist – Beate ist über alles informiert und hat auch dies mit eigenen Ohren gehört. Sie ist das Nesthäkchen am Tisch und zieht es vor, den Mitpatienten Namen zu geben: So ist nicht nur „Cherie“ ihrer Aufmerksamkeit geschuldet, auch einen Dirk Bach oder Heinz Erhardt haben wir hier, wobei ich mich natürlich beeile, die äußerliche Ähnlichkeit zu bestätigen, auch wenn sie mir in beiden Fällen etwas weit hergeholt scheint.

Ein gemeinsamer Code verbindet die drei Alteingesessenen am Tisch, diese niederschmetternde Einsicht macht mir Sorgen: Ich bin zu spät gekommen und werde vom Leben bestraft, wenn ich versäumtes Wissen nicht ganz rasch aufhole. Dass Beate zum Opfer ihrer eigenen Vorliebe geworden ist, stört sie nicht: Vom Kauz wird sie mir gemäß der herrschenden Tradition liebevoll als Karla Kolumna vorgestellt, was ihr aber so in Fleisch und Blut übergegangen zu sein scheint, dass sie sich nur bei der ersten Erwähnung in Anwesenheit des Neuen ein freundliches, verlegenes Lächeln abringt, ansonsten scheint es sie sogar mit einem gewissen Stolz zu erfüllen.

Und wirklich: Diese liebenswürdige Frau weiß alles, kennt nahezu jeden im Saal, bringt von ihren Gängen zum Büfett – und das sind einige, wie sie selbst bemerkt, denn sie hat keinerlei Ambitionen, ihre kräftige Statur aufzugeben – stets neue Informationen mit, weil sie wieder einmal in das ein oder andere Gespräch hineingelauscht oder bei allzu großem Informationsbedarf direkt bei ihren offenbar überall im Saal verteilten Quellen nachgefragt hat – die Frau ist optimal vernetzt, davon dürfen wir drei Männer profitieren. Viele würden sich über das Essen beschweren, hat sie in Erfahrung gebracht. Ich werfe ein, dass es aus meiner Sicht nicht den geringsten Grund zu Beanstandungen gibt.

„Hier übers Essen meckern und zu Hause nur Dosen vom Aldi aufmachen", wirft Manfred ein – es ist eines der ersten Male, dass ich ihn an meiner Seite wähne, und diese kleinen Dinge sind es, die mich hier glücklich machen.

Die Wiedergabe dieses kleinen Austauschs mag als Überleitung gesehen werden, denn Neugierde ist die eine Tugend aller – keineswegs nur von Beate, warten doch die Männer am Tisch begierig auf ihre Informationen –, die andere, wohl noch stärker ausgeprägte, man sollte wohl weniger von Tugend als von Eigenheit sprechen, da hierunter auch Negatives verstanden werden darf, ist die bereits erwähnte Lust am Medisieren respektive Lästern.

Es gibt noch einiges zu sticheln an diesem Abend, besonders gerne echauffiert man sich über die älteren Damen, die sich mit ihren Rollatoren absolut nicht an die vorgegebenen Fahrwege halten, sondern versuchen, querfeldein – und damit schneller als die Konkurrenz – ans Büfett zu gelangen, wobei sie im Eifer des Gefechts auch gerne einmal ihr Gefährt irgendwo inmitten des Raums stehen lassen und sich bei Bedarf zu Fuß und mit ausgefahrenen Ellenbogen den Weg durch die wartende Menge bahnen.

Selbst Rolf mischt sich mit einer kleinen Episode ein, die mir aber entfallen ist (Vergesslichkeit infolge von Tumor-Erkrankung!), nur sein Vorpreschen in Form einer Versicherungspflicht für Rollatoren ist mir in Erinnerung geblieben, eine Anregung, die von den dreien am Tisch durchaus ernsthaft aufgegriffen wird. Beates zaghaften Versuch, eine Lanze für die Nutzerinnen solcher Fahrgeräte zu brechen – hier muss aufgrund der eindeutigen Statistik in unserem Fall tatsächlich die weibliche Form Verwendung finden –, lässt die Realität ins Leere laufen: Einem Orkan gleich bahnt sich mitten in der Rede von Beate eine kräftige Dame mit brachialer Gewalt den Weg zwischen den Tischen hindurch. Manfreds Ruf – „Sag mal, siehst du nicht, dat da hinten der Weg ist" – wird ignoriert, man bzw. frau will es bis zu Ende wissen, hat es schließlich geschafft und hinterlässt ein Feld von heruntergezogenen Tischdecken, plattgefahrenen Handtaschen und verletzten Zehen.

„Wat für eine Trulla!", schimpft Manfred.

„Hoffentlich hat sie eine gute Haftpflicht", lässt sich der sachliche Rolf hören.

Beate und ich schließen uns den anderen Schimpfenden im Saal an, wenngleich wir dies auch nicht in so nachdrücklicher Weise wie viele andere zustande bringen. Außerdem sind wir damit beschäftigt, unsere Tischdecke ins Lot zu bringen, die von der Attacke in arge Mitleidenschaft gezogen worden ist. Fast hätte es Rolfs Pudding erwischt, und bei seiner Vorliebe für Süßes darf sich die Angreiferin vermutlich einfach nur glücklich schätzen, dass der Nachtisch unversehrt geblieben ist.

Wir rotten uns also zu einem harmonischen Miteinander zusammen, wobei Vorfälle wie der gerade geschilderte bestens dazu geeignet sind, uns noch mehr zusammenzuschweißen, als dies die Damen und Herren der Tischvergabe mit ihren Nummern bereits eingefädelt haben – ich habe also Glück. Vor allem Manfred klopft seine Sprüche, manchmal über, meistens unter der Gürtellinie, begutachtet die Vorbeiziehenden und ist – nicht zuletzt dank Beates Unterstützung – stets rasch mit einem raschen und präzisen Urteil bei der Hand.

Manchmal passt die Zusammensetzung an den Tischen, manchmal nicht: Mit blumigen Worten erzählt Beate von Fällen, bei denen sich Leidensgenossen arg über ihre Sitznachbarn beschweren – ich bin glücklich, dass ich es so gut getroffen habe! Aber auch dies entspricht letztlich nur der Philosophie des Hauses: jeden kleinen Moment, jeden Tag genießen, nicht an gestern, nicht an morgen denken. Ein wenig konkreter sollte ich schon werden und füge hinzu: Noch passt es bei uns, die Betonung liegt auf dem ersten Wort – Auflösung folgt später, so hält man den Leser bei der Stange!

Wir unterhalten uns über Gott und die Welt, Manfred führt gern das Wort: Der Kirche hat er schon längst den Rücken zugedreht, nicht aber dem lieben Gott. Gegen seinen Krebs ist meiner ein Krebslein, er hat sich richtig in ihm breitgemacht. Trotzdem gibt er nicht auf, will unbedingt leben, sagt, dass es ihm im Moment sehr gut geht.

„Wann wir gehen, das sagt der Kollege da oben, sonst keiner", ist einer der Sprüche, die ich mir merken werde.

Der Kauz, der, das ist deutlich zu spüren, zu früheren Zeiten etwas vom Frohsinn seiner Heimatstadt eingeatmet haben muss, zieht es – falls dies noch nicht erwähnt wurde – nun vor, die schrullige Seite seines Wesens herauszukehren. Seine Devise „Ich habe Krebs, ich muss nicht mehr lügen" trägt ihn offensichtlich durch sein Leben. Auch mal ein Blatt vor den Mund zu nehmen, kommt für ihn nicht in Frage. Im Gegenteil: Es scheint ihn zu amüsieren, seine Mitmenschen zu provozieren.

Nichts, worüber er sich nicht auslässt, immer wieder nimmt er Herrschaften ins Visier, deren Verhalten ihm auf irgendeine Weise anstößig erscheint, vorzugsweise und immer wieder sind es aber die mit Rollator, die sich hier tatsächlich einen Sport daraus zu machen scheinen, querfeldein zu fahren und dabei rücksichtslos Stühle umzuwerfen, immer nur bedacht darauf, dass ihr Essen nicht herunterfällt, dem ein oder anderen Erholungsgast auch mal in die Hacken oder über die Füße fahren, wobei auch ich inzwischen zuhauf Verletzungen an den entsprechenden Körperstellen davongetragen habe – von Manfred holen sie sich jedes Mal eine lautstarke Abfuhr ein.

Zwei Damen, die ihm plaudernd den Weg versperren, werden grob zusammengefaltet, und beim Tischgespräch muss sehr wohl darauf geachtet werden, dass man eine Antwort gibt, die ihm gefällig ist. Ich erinnere mich, mir selbst einmal die Bezeichnung „komischer Vogel" eingefangen zu haben, weil ich einen aus meiner Sicht recht lapidaren Scherz machte, um mich seines Wohlwollens zu vergewissern. Seither ist Vorsicht geboten: Ich setze eine Pointe erst, wenn ich zu hundert Prozent sicher bin, dass sie auch mit Wohlwollen aufgenommen wird, nicke dem alten Schrat bei jeder Gelegenheit zu und arbeite auf diese Weise beharrlich und nach einer Weile auch mit einem gewissen Erfolg daran, mir seine Sympathie zu erwerben – immer getrieben von der einen Absicht: einfach nur in Ruhe meine Mahlzeit einnehmen zu können.

Ich lerne rasch, dass man gerne über andere Leute nicht nur redet, sondern – und hier ist der gemeine Ausdruck alternativlos – lästert, und wenn unser Kauz sich so richtig in Fahrt gebracht hat, ist er darin nicht zu übertreffen: „Guck mal, da hinten die: die geht wie 'ne Ente, die quakt wie 'ne Ente, vielleicht issett ja 'ne Ente."

Ein Sturzbach wohlgesetzter Lästereien ergießt sich nicht nur über diese Mitpatientin. Ich versuche, die plump-charmante Art von Beate nachzuahmen, die die Angriffe auf ihre Person einfach überhört und einfach ihre Themen durchzieht – oder Manfred so sehr in eine Problematik involviert, dass er zur Abwechslung einmal von anderen Menschen ablassen muss. So nimmt der Diskurs über die Bedeutung der Fähigkeit von Kindern, schwimmen zu können, ein ganzes Mittagessen ein und wir beißen uns beim Nachtisch fest am Schwimmbus, den es in Nordrhein-Westfalen tatsächlich gibt – auf meine ungläubige Nachfrage zeigt Manfred mir auf seinem Handy ein Foto –, wobei mein kleiner Gag, ob beim Fahren nicht die Gefahr besteht, dass das Wasser aus dem Bus schwappt, ins Leere läuft.

Beate ringt mir mit der Zeit tatsächlich einiges an Bewunderung ab: Sie gehört zu dem Schlag Menschen, der mit jedem kann, weiß zu allen Themen etwas beizusteuern, ignoriert Manfreds Beißattacken, indem sie sich dumm stellt, ist leutselig, bis zu einem gewissen Grade auch lustig, lächelt nett, wenn sie die Ironie der ein oder anderen Bemerkung nicht versteht, kurzum: Sie beherrscht den Smalltalk so, wie ich es mir nur erträumen kann; immer fällt ihr etwas ein, egal ob es um den neuesten Tapeten-Trend geht oder um steuerrechtliche Angelegenheiten, die hier gerne einmütig diskutiert werden, denn schließlich ist es der Staat, der an allem schuld ist, und in solchen Fällen vermag auch der sonst eher schweigsame, in sein Essen vertiefte Rolf das Gespräch mit einem Präzedenzfall oder Paragrafen in einen juristischen Hintergrund einzubetten.

Nun bin ich es dem Leser aber endlich schuldig, dort anzuknüpfen, wo ich eben so abrupt geendet habe, das retardierende Moment wurde fast ein wenig überstrapaziert, und die Spannung ist einfach nicht weiter zu steigern. Ich sehe ein – hoffentlich nicht zu spät! –, dass die Leser ein Recht haben, zu erfahren, wie die Situation die erwartete Zuspitzung erfahren hat, von der sie nach meiner nebulösen, inzwischen leider schon einige Seiten zurückliegenden Andeutung ganz richtig ausgehen konnten.

Womöglich wird man es schon erraten haben: Eines Tages ist es nämlich die Konstellation an unserem Tisch, die plötzlich überhaupt nicht mehr passt.

Rolf, unser wackerer Mitstreiter, hat soeben die Heimfahrt angetreten – unspektakulär, ohne große Worte, Kontaktdaten werden keine getauscht, das kenne ich schon von meinem letzten Aufenthalt, die Krankheit bringt es mit sich, dass man nicht an längerfristigen Beziehungen interessiert ist. Am Abend nach seiner Abreise sitzen wir da, nur zu dritt, noch ein wenig Nostalgie liegt auf den Gemütern, die ein oder andere Bemerkung fällt über Puddingschalen, die jetzt vergebens auf ihren Abnehmer warten, aber vor allem spiegeln die Gesichter der beiden Tischnachbarn – und bei mir wird es nicht anders gewesen sein – eine gewaltige Anspannung wider, harren wir doch gebannt des Neulings, der da nun gleich in unser Leben treten und hoffentlich ebenso umgänglich sein wird wie sein pflegeleichter Vorgänger.

Zu meiner Rechten prangt ein neues Namensschild – selbstverständlich hat die Dame der Runde bereits den Namen gelesen.

„Neugierig, wie Frauen nun mal sind“, kommentiert Manfred, ich verschweige, dass ich mich ebenfalls schlaugemacht habe.

„Es ist eine Frau“, freut sich Beate, „endlich mal eine Frau. Bisher war ich immer alleine mit drei Männern.“

„Dat interessiert mich nett, wer dahin kommt“, meint knurrig unser Kauz, doch sei vorweggenommen, dass er sich in diesem Falle irren soll.

„Guck mal“, stößt Beate mich so heftig an, dass mir fast das Brot aus der Hand fällt, „ist es die mit der komischen Jacke da vorn?“ Sie darf das sagen, denn ihr Wort hat Gewicht, ihre präzisen Beschreibungen werden von niemandem angezweifelt.

„Jott sei Dank, die ist vorbei“, knurrt der Kölner eine Sekunde später. Dann plötzlich ist das Geheimnis gelüftet, ein Rollator parkt neben uns ein. Manfreds launische Bemerkung – „Wo sollen wir denn noch hin mit all den Karren hier?“ – geht zum Glück unter, und eine Dame, etwa im Alter des Kölners, dafür aber von doppeltem Umfang, gesellt sich zu uns. Sie lächelt freundlich, stellt sich vor – selbst unser knorriger Gesell gibt knapp seinen Namen preis –, lässt sich schnaufend auf den Stuhl fallen und beginnt in ihrer großen Handtasche zu kramen. Dann hat sie auch schon gefunden, was sie sucht und hält uns die Packung entgegen: „Vegane Wurst, ihr müsst wissen, ich bin Veganerin!“

Jetzt erst wissen wir den abgepackten Salat einzuordnen, der schon vor ihrer Ankunft einsam auf dem Tisch stand. „Von der Küche“, sagt die Neue erklärend, als sie danach greift. „Bei Veganern müssen sie sich etwas mehr Mühe machen.“

Im nächsten Augenblick erhebt sie sich auch schon, lässt ihr Hilfsgerät stehen und geht raschen Schrittes zum Büfett.

„Watt is dat Jejenteil von leicht?“, fragt der Kölner trocken. Ich will nicht, muss aber lachen, meine Nachbarin ebenso.

„Ich bin Veganerin“, äfft Manfred die Frau nach, „da müssen sie sich etwas mehr Mühe machen.“

Meiner Nachbarin laufen auch bereits die Tränen.

„Ist doch ganz nett", bringe ich gegen meine Überzeugung hervor, wobei ich mich zusammenreiße, denn ich will der Neuen ohne Vorurteile begegnen, außerdem ist sie schon wieder im Anmarsch. Die Unterhaltung plätschert dahin, auch die Veganerin, die noch mehrmals die Vorzüge der von ihr gewählten Ernährungsweise betont, hält sich an das unausgesprochene Gebot, dass nicht über unsere Krankheiten gesprochen wird, und bereitet sich genüsslich ihr Mahl zu. Sehr selbstbewusst die Frau, denke ich, denn sie übernimmt sofort das Wort. Mit rollenden Augen steht unser Kauz auf und geht zum Büfett. Später wird sich herausstellen, was für ein glücklicher Zufall dies war, denn unser Neuzugang führt nun den entscheidenden Anlass herbei, der die Fronten ein für allemal klären wird und nach dem auch ich nichts mehr für sie tun kann. Der kurze, aber umso einschneidendere Dialog dazu sei hier im Wortlaut wiedergegeben:

„Du bist Veganerin?", beginnt Beate.

„Ja, seit sieben Jahren!"

„Und wie bist du dazu gekommen?"

Die korpulente Dame lässt Messer und Gabel fallen, breitet weit ihre Arme aus und antwortet mit strahlendem Lächeln: „Ich habe mein Herz geöffnet."

Betreten sieht meine Nachbarin aus der Wäsche, ich ebenfalls:

„Ja und ...", wagt Beate den Ansatz einer Nachfrage, als sie sich gefasst hat. Die Antwort ist nur ein glückliches Lachen, und das war's. Mehr kommt nicht. Gut nur, dass der Kölner gerade nicht da ist!

Als Manfred zurückkehrt, herrscht tiefes Schweigen. Ich ahne, was kommen wird, und natürlich: Als die Dame zum Nachtisch geht, kann es Beate natürlich nicht lassen, den alten Kauz ins Bild zu setzen.

„Dat wusste ich, datt die in 'ner andern Welt lebt." Manfred breitet beide Arme aus und äfft sie nach: „Ich habe mein Herz geöffnet!" Dann setzt eine Schimpftirade ein, während der ich nur die

Luft anhalte, da unser Neuankömmling jederzeit wieder zu uns stoßen könnte. Auch die alteingesessene Tischnachbarin nötigt ihn zur Mäßigung – offenbar hat sie begriffen, was sie angerichtet hat.

Es folgt ein letzter ungehaltener Kommentar von Manfred: „Die soll ihr Herz für watt anderes öffnen, aber nit für so 'ne Scheiße!"

Damit ist der Zenit offenbar erreicht, und er schweigt. Ich atme durch, denn es war höchste Zeit – die Frau quält sich auch schon wieder auf ihren Platz, mosert, dass sie beim Nachtisch nichts Veganes gefunden hat, etwas mehr Rücksicht hätte sie sich schon gewünscht. Sie beruhigt sich relativ rasch und versucht es nun wieder mit gefälligem Smalltalk. Auf mich macht sie keineswegs einen unintelligenten Eindruck, in ihrer taffen Art wählt sie die Themen so, dass sie von niemandem als anstößig empfunden werden können, und ganz offenbar hat sie auch verstanden, dass sie den Herrn aus Köln erst noch zu knacken hat. Der isst soeben schweigend ein Käsebrot.

Deutlich sehe ich der Dame an, wie es in ihr arbeitet, wie sie sich überwindet, und dann ist es endlich so weit: Sie nimmt all ihren Mut zusammen und spricht den Knurrhahn endlich an: „Du bist auch vegetarisch, oder?" Ihr einschmeichelndes Lächeln verfehlt seine Wirkung, der Kölner schluckt kurz, dann kommt jäh seine überdeutliche Antwort: „Ich komme aus einer Metzgerei. Gestern habe ich zwei Schnitzel gejessen, vorgestern ein halbes Kilo Mett, und morgen jibet Bratwurst, da freue ich mich heute schon drauf."

„Ich dachte nur wegen des Käses", stammelt sie.

Unsere Diplomatin Beate rettet die Situation: „Er hat einmal einen Käsetag, mal einen Honigtag ..."

„Und vor allem Wurst", wird sie von Manfred unterbrochen. „Am liebsten Blutwurst!"

„Jeder isst das, was er möchte", sagt die Neue spürbar pikiert, aber doch wohl froh, einigermaßen unversehrt aus dem Scharmützel herausgekommen zu sein.

Die Unterhaltung flaut spürbar ab, klugerweise stellt die Neue jetzt nur noch Fragen, wie es einer Neuen eben gebührt: Wir erfahrenen Reha-Patienten geben gerne Auskunft zu Räumlichkeiten, Essens- und Sprechzeiten, nur der Kölner schweigt und sieht böse in die Ferne. Es ist wie eine Erlösung, als sich unsere neue Mitesserin endlich verabschiedet.

Tags darauf treffen Beate und ich auf einen wetternden Manfred: „Dat halt ich nit aus mit unserem Federchen!"

Glücklicherweise ist die so böse Titulierte noch nicht am Tisch eingetroffen. Wir versuchen ihn zu beruhigen, Deeskalation ist das Gebot der Stunde. „Vielleicht hat sie 'nen Platten an ihrer Karre und wartet auf den ADAC", mutmaßt der Kölner nun. Beate bittet ihn, doch ein wenig Geduld mit der Neuen zu haben.

„Du weißt doch, wie es bei ihm war!" Die Bemerkung lässt mich hellhörig werden, zumal ich sehe, wie ihr Zeigefinger eindeutig auf mich weist. Natürlich ist es Manfred, der mir Klarheit verschafft: „Ja, stimmt. Du warst selbst so'n komischer Kerl ... hast in den ersten drei Tagen kaum den Mund aufgekriegt, da haben wir uns oft drüber unterhalten."

Schön zu wissen, denke ich schluckend, versuche dieser Offenbarung aber auch Positives abzugewinnen, denn dann ist in der schwierigen Situation an unserem Tisch vielleicht doch noch nicht alles verloren.

Ich werde aus meinen Gedanken gerissen, da die Neue um die Ecke kommt und uns mit wie immer strahlendem Gesicht begrüßt. Beate und ich bemühen uns um möglichst flache Gesprächsthemen, Manfred schweigt.

„Ich war heute bei der Psychologin", erzählt die Tischnachbarin, „eine tolle Selbsterfahrung!"

Beate kann wie immer etwas hinzusteuern, auch wenn ihre Einsichten nicht von allzu tiefgreifender Natur waren.

„Ich war auch einmal bei sonner Tante", meldet sich nach langem Schweigen plötzlich Manfred zu Wort. „Als die gesagt hat, ich soll in den Wald jehen und alles rausschreien, hab ich gefragt: Kann ich dat och hier machen? Seit der Zeit war ich nit mehr da."

Schwieriges Terrain. Zum Glück findet Beate immer eine Alternative und erzählt von einem Tierpark, an dem sie mit ihrer Nordic-Walking-Gruppe immer vorbeikommt. Natürlich kennt unser Neuzugang jedes einzelne Tier. „Gestern war da noch so ein süßes Lämmchen, das habe ich heute vermisst!"

„Das haben sie heute morgen geschlachtet", meint Manfred, „damit Ostern watt auf den Tisch kommt!" Ein betretenes Schweigen folgt, bei dem man es glücklicherweise belässt.

Irgendwann macht sich mein Handy bemerkbar, eine Nachricht meines Sohnes: Als Entschuldigung, weil ich vergessen habe, es leise zu schalten, murmele ich nur: „Mein Ältester, er hat gerade Feierabend!"

Mir war nicht bewusst, wie sehr ich mich damit ins Fettnäpfchen gesetzt habe – hätte ich doch bloß geschwiegen! Offenbar ist unsere neue Mitesserin bei Weitem nicht so lädiert von Manfreds Attacke, wie ich dachte, das aufkommende Mitleid war einfach nicht angebracht, das erkenne ich, als sie sich nun auf ihren Armen über den Tisch schiebt und mir mit strenger Miene eine Frage stellt, die ich so schnell nicht mehr vergessen werde: „Warum interessiert dich das?"

Ich bin sprachlos, spüre unter dem Tisch einen leichten Tritt von links. „Ich meine, warum willst du das wissen?" Aus den Augenwinkeln sehe ich, wie der Kölner spontan und nicht sehr unauffällig mit der Hand an seine Stirn tippt.

„Weil es mein Sohn ist, und weil mich doch interessieren darf, was er tut", bringe ich nach einigen Schrecksekunden halbwegs gefasst hervor. Der Konter war offenbar angemessen, denn man erspart mir zumindest eine Antwort. Gleich springt unsere Diplomatin in die Bresche und erzählt von ihrem Sohn, der gerade mit seinem neuen Fahrrad unterwegs ist. Ich verlege mich jetzt ebenfalls aufs Schweigen, üble Gedanken steigen in mir auf, und ich beschließe, mich nun definitiv auf Manfreds Seite zu schlagen und mein Herz für die Dame zu meiner Rechten für immer zu verschließen.

Derweil gerät Beate ins Plaudern, offenbar nicht nur, weil sie gerne von ihrer Familie erzählt, sondern auch, um nicht wieder Gewitterwolken aufziehen zu lassen, muss sie doch längst erkannt haben, dass aus dem einst so komischen Kerl an ihrer Seite nun schlagartig ein griesgrämiger geworden ist, und so berichtet sie mit Hingabe, bei der wohl auch ein wenig Verzweiflung im Spiel ist ob ihrer Rolle, als einzige das vergiftete Klima am Tisch noch retten zu können, von ihrem Sohn: Dass dieser recht anspruchsvoll ist, nur Markenklamotten trägt, die sie ihm als Eltern aber auch nicht vorenthalten können. Sonst würde er in der Schule gehänselt, was ja nun heutzutage leider so üblich sei, und dass sie ihm nun ganz aktuell noch den farblich zum Fahrrad passenden Helm kaufen muss.

„Du solltest das Wort ‚muss' aus deinem Wortschatz streichen", kommt es prompt von der anderen Seite des Tisches. Da hat sie also auch ihr Fett abgekriegt! Nein, ich gönne es ihr nicht, vielleicht ein wenig, in der Hauptsache bin ich aber froh, fürs Erste aus dem Visier geraten zu sein, denn jetzt ist Beate am Zuge – doch der sonst so Schlagfertigen fällt doch tatsächlich keine passende Antwort ein. Es tut mir leid, wie die Gute geschlagen den Kopf senkt und kraftlos in ihrem Essen stochert.

Die eifrige Missionarin wendet sich dagegen mit zufriedenem Lächeln ihrem Mahl wieder zu – der Sieg gehört ihr!

Eigentlich will ich jetzt gehen, meine linke Nachbarin, wie ich merke, ebenfalls, doch wissen wir beide, was die Stunde geschlagen hat. Nein, wenn wir jetzt den Tisch verlassen, gibt es unter den beiden Verbliebenen Mord und Totschlag. Geduldig harren wir also aus, bis unser schrulliger Gefährte aufgegessen hat und geleiten ihn schließlich wie eine Eskorte zum Ausgang: Abschirmen ist das Gebot der Stunde! Kurz vor dem Ziel erhält Beate eine Nachricht aufs Handy.

„Mein Sohn schreibt, dass er noch bei einem Freund ist und dass er Papa nicht erreichen kann."

„Warum interessiert dich das?", frage ich nur. Beate versteht sofort. „Genau, ich schreibe ihm jetzt, dass ich das überhaupt nicht wissen will."

Nun muss sogar unser Brummbär grinsen. „Die Alte spinnt", grummelt er nur grinsend und rollt dabei das L so schön, wie es nur echte Kölner können. „Ich habe mein Herz geöffnet", äfft er unsere Neue noch einmal nach, kommentiert sich mit dem Satz „Et jibt auch unter Krebskranken Idioten" – und verschwindet im Aufzug.

Eigentlich wollte ich es bei dieser Einsicht bewenden lassen, sollte die Geschichte mit diesem Bonmot enden. Aber kann ich das? Darf ich den Leser so unbefriedigt zurücklassen? Er verlangt doch stets nach einem möglichst harmonischen Ausklang, zumindest einer kleinen Lehre, die aus dem Gelesenen zu ziehen ist. Sollte ich, um dorthin zu gelangen, nicht noch berichten, dass sich das Klima in den nächsten Tagen wieder deutlich entspannte, was aber einzig und allein dem Umstand geschuldet war, dass sich die Neue nicht mehr an unserem Tisch sehen ließ? Dass Beate als Verkörperung des Guten also zu guter Letzt doch noch triumphieren durfte? Aber würde dies nicht nur billige, niederen Instinkten geschuldete Affekte ansprechen? Deshalb belasse ich es dabei, zumal mir das schöne Fazit, das irgendwann einmal den Schluss dieser Erzählung markieren sollte, einfach nicht mehr einfallen will: Fatigue, sorry!

Alles bestens!

„Und, wie haben wir's?" Der junge Arzt an meinem Bett wartet die Antwort nicht ab. „Alles bestens!", sagt er zuversichtlich, wobei er mir einen aufmunternden Blick zuwirft und in seiner Akte blättert. Ich bemühe mich, meine Beschwerden vorzutragen. Weil ich weiß, wie knapp die Zeit des medizinischen Personals bemessen ist, habe ich mir schon am Vorabend ein paar Sätze zurechtgelegt. „Das gibt sich", sagt er, ohne von den Papieren aufzusehen. „Kein Problem!"

„Und die Schmerzen an der Operationswunde?"

„Kein Thema! Das ist völlig normal! Alles bestens."

Dann sieht er doch noch kurz auf, blickt mich freundlich lächelnd an: „Wegen Ihres Prostata-Karzinoms habe ich einen Termin beim Professor vereinbart."

Ich falle aus allen Wolken: „Prostatakarzinom? Es war doch die Niere?"

Erstaunt zieht mein Gegenüber die Brauen hoch und wendet sich um zur Krankenschwester, die ihm hektisch eine andere Akte reicht.

„Sorry, das war der falsche Patient", meint der Arzt grinsend und kramt kurz in den neuen Papieren.

„Sie gehen heute nach Hause!", sagt er dann. „Ich wünsche Ihnen alles Gute!"

„Aber ich ..." Mit diesem Fall habe ich nicht gerechnet, mir fehlen die Worte. Ich ging davon aus, mindestens eine Woche hierzubleiben, nun aber sind noch nicht einmal 48 Stunden seit meiner OP vergangen. Der Mann in Weiß ist mit der Schwester bereits beim nächsten Fall. Im Vorbeigehen zückt er eine Fernbedienung, drückt einen Knopf und entschwindet mit der Dame, die mich keines Blickes mehr gewürdigt hat.

Ich spüre plötzlich eine Bewegung in meinem Bett, tatsächlich: die linke Seite hebt sich unweigerlich nach oben. Langsam, aber unerbittlich wird mein Bett zur schiefen Ebene, ich kralle mich in die Matratze, beginne zu schreien, suche nach dem Alarmknopf, den ich aber nicht mehr erreichen kann, zu dicht bin ich schon an den Bettrand gerutscht.

„Ich habe gedrückt", ruft mein Zimmernachbar irgendwo aus dem Hintergrund. Der Arme hat Erfahrung darin, das Rufsignal zu betätigen, denn nach einem sehr schmerzhaften Eingriff am Hinterteil musste er in der vergangenen Nacht mehrfach um Hilfe bitten.

Nach schier endlosen Sekunden erscheint die Schwester von eben wieder.

„Was hat der Arzt denn gemacht?", brülle ich.

„Nun schreien Sie doch nicht so. Er hat nur die Kippfunktion betätigt! Sie müssen uns schließlich verlassen. Der nächste Patient wartet schon!"

Mein Bett hat mittlerweile einen Neigungswinkel von 45 Grad überschritten, ich kann mich nicht mehr halten und purzele auf den Boden. Ein Schrei entfährt mir, ich bin auf die Wunde gefallen. Benommen sitze ich da, stelle fest, dass der Sturz auch sein Gutes hatte: Gleichsam automatisch wurden dabei Katheter und Zugang gezogen, vor beiden Vorgängen hatte ich einigen Respekt.

„So, und nun schnell anziehen und dann ab nach Hause", ordnet die Schwester ungerührt an, während sie auch bereits wieder aus dem Zimmer rennt.

„Und die Fäden?", rufe ich ihr nach.

„Zieht der Hausarzt", kommt von draußen die prompte Antwort. Ich weiß nicht, wie mir geschieht, krieche zum Schrank und zerre meine Kleider sowie die noch nahezu unbenutzte Toilettentasche heraus. Mühsam gelingt es mir, mich anzuziehen.

„Rasch, rasch!", tönt eine Männerstimme von draußen. „Das Zimmer wird dringend gebraucht!"

Ich raffe meine Habseligkeiten zusammen, stopfe sie in den Koffer und krieche auf allen vieren zur Tür. Bis mir ein aufrechter Gang möglich ist, wird es noch einige Tage dauern. Ein kurzer Gruß zu meinem Zimmernachbarn, der mir noch einen hilfreichen Tipp zuruft: „Sieh zu, dass du einen Rollstuhl erwischst. Ohne den bist du verloren – dann geht es dir wie den frisch geschlüpften Schildkröten auf den Galapagos-Inseln."

Draußen sehe ich zu meinem Erstaunen eine endlose Bettenkolonne: Verbundene Köpfe, bandagierte Oberkörper, zugegipste Beine – Menschen liegen da, wie Mumien verpackt, im langen Flur.

„Endlich geht es weiter", ruft einer aus der dritten Reihe ungeduldig. „Ich warte hier schon zwei Tage."

Pfleger drängen an mir vorbei ins Zimmer, einer tritt mir auf die Finger. Sie schieben mein Bett hinaus, es holpert kurz, mein Fuß. Schmerzensschreie machen keinen Sinn, sie werden ohnehin nicht gehört. Ich ziehe mich durch die Tür, meinen Koffer zerre ich mühsam hinter mir her.

Hektisch schiebt man das Bett in der ersten Warteposition ins Zimmer. Dicht an meinem Kopf ziehen Plastikbeutel vorbei, mit gelber und roter Flüssigkeit bis zum Bersten gefüllt, den zugehörigen Patienten nehme ich von hier unten nicht wahr.

Die Schwester von vorhin ist plötzlich neben mir: „Immer der grünen Linie lang, dann kommen Sie sofort zum Ausgang! Viel Glück!" Offenbar hat sie doch noch ihr Herz entdeckt.

Meinen Dank für den Hinweis nimmt sie nicht mehr entgegen, sie ist schon wieder weiter. Schemenhaft – ich habe in der Eile meine Brille vergessen – erkenne ich den durchgezogenen Wegweiser auf dem Boden und robbe weiter, an der Schlange der Betten vorbei.

„In vier Tagen habe ich mein Zimmer", höre ich im Vorbeikriechen einen aus der hinteren Reihe sagen. „Die schaffe ich auch noch!"

Aus der Nachbarschaft kommt ein hämisches Lachen: „Dann bist du schon wieder entlassen. So lange lassen die heute keinen mehr im Krankenhaus."

Endlich habe ich das Ende der Kolonne erreicht, der Flur wird etwas übersichtlicher. Im nächsten Moment höre ich eine mir bekannte Frauenstimme hinter mir, die ich aber keinem Gesicht zuordnen kann: „Ihr Entlassungsbrief!" Man bzw. Frau steckt mir das Schreiben in den Hosenbund, wo Platz genug ist, da ich im Eifer des Gefechts den Gürtel nicht richtig zugemacht habe.

„Immer der grünen Linie nach!", ruft die Stimme noch – und: „Alles Gute!" Ich will mich bedanken, sehe aber nichts nach hinten, weil mir meine hochgerutschte Jacke im Wege ist.

Als es mir endlich gelungen ist, die Sicht freizubekommen, ist von der netten Helferin nichts mehr zu sehen. Ich halte kurz inne: In einiger Entfernung schickt sich mein Zimmernachbar an, mir nachzukriechen – der Gute ist offenbar gleich nach mir entlassen worden. Zwischen den Zähnen hat er den Zipfel eines großen Kissens, das er beharrlich mit sich schleift. Ich kann mir denken, wofür er es braucht. Der Mann ist deutlich jünger als ich, aber mit seinem verbundenen Hintern tut er sich fast noch schwerer.

„Wo sind die Rollstühle? Hier waren doch immer Rollstühle!", nuschelt er in wilder Verzweiflung, und als er die Frage wiederholt, überschlägt sich seine Stimme fast. Ich kann dem Ärmsten nicht helfen, denn ich spüre, wie meine Kräfte nachlassen – der Koffer in meinem Schlepptau hält mich wie ein zentnerschwerer Anker zurück. Völlig unerwartet kommt Hilfe: Ein junger Pfleger erbarmt sich meiner, stellt mir den Koffer auf den Rücken und befestigt ihn am Gürtel, den er mir bei der Gelegenheit freundlicherweise noch rasch zuschnallt.

„So geht es besser", meint er fürsorglich. „Sonst schaffen Sie das nie!"

Wie diese kleinen Schildkröten, denke ich nur, rufe ihm, der sich schon wieder in Bewegung gesetzt hat, noch schnell meinen

Dank nach und spüre augenblicklich die Erleichterung, denn ich habe jetzt beide Hände frei. Meter um Meter ziehe ich mich der grünen Linie entlang, weit vor mir schon ein Kollege aus dem Nachbarzimmer. Wie weit wird es sein bis zum Auto? 700 Meter, schätze ich. 50 habe ich geschafft. Zum Glück ist kaum Gegenverkehr, die Aufnahme führt über die blaue Linie, erinnere ich mich. Trotzdem muss ich mit meinen Kräften haushalten, denn hier kommen nur die Stärksten durch! Ich versuche es darum mit einer neuen Technik, die mir hilft, die Schmerzen in meinem Bauch zu überlisten: Die stabile Seitenlage – auf der rechten Hüfte rutsche ich weiter, das linke Bein dient quasi als Ruder.

Bei Meter 150 kommt mein behandelnder Arzt vorbei: „Sieht blendend aus", ruft er mir zu und hebt den rechten Daumen. „Alles bestens! Kommen Sie gut nach Hause!"

Mein Hintermann, der im Zimmer noch so nett war, kommt derweil wild zeternd näher: „Diese verfluchten Aasgeier, haben sich sämtliche Rollstühle geschnappt, wenn ich die in die Finger kriege!"

Ich höre sein Schnaufen hinter mir, spüre seinen aufgeregten Atem. Vom Kissen ist nichts mehr zu sehen.

„Aus dem Weg", ruft er hektisch. „Galapagos, habe ich doch gesagt!"

„Ich kann nicht, es ist so wenig Platz!", brülle ich zurück.

„Mach bloß hin! Wenn die anderen mich erwischen, ist es vorbei mit mir!" Er deutet über die Schulter, wo sich mehrere hünenhafte Gestalten in der Hocke immer weiter nach vorn arbeiten. In seiner Panik setzt mein Verfolger zum Überholen an, drückt mich an die Wand und zieht sich an meinem Koffer an mir vorbei. Ich merke, wie meine Hose ins Rutschen gerät.

„Nichts für ungut", entschuldigt er sich aufgeregt, „aber ich muss meinen armen Arsch retten."

Die Hünen – drei an der Zahl – sind kaum noch zwanzig Meter von mir entfernt. Allmählich bekomme ich es mit der Angst zu tun und mobilisiere alle meine Kräfte.

Meter 250: Tumult in meinem Rücken, Notfall-Rufe, offenbar hat es einen Zusammenstoß mit einer Bettenkolonne aus dem Seitengang gegeben. Mir kann's nur recht sein, denn alles, was diese Riesen aufhält, rettet mein Leben.

Im Schneckentempo geht es auf die große Halle zu. Dort wäre endlich mehr Platz, den aber leider auch viel mehr Menschen gleichzeitig beanspruchen, was mir der immer mehr zunehmende Verkehr auf meinem Zubringer verrät. Hin und wieder steigen Ärzte über meinen Rücken, während sie über irgendwelche Befunde fachsimpeln. Pfleger schieben mich zur Seite, weil sie mit einem Bett durch den Gang wollen. Links und rechts des Wegs zeugen Rollstuhl-Wracks vom Kampf, den es um sie gegeben haben muss, daneben liegen Patienten, die auf der Strecke geblieben sind: Sie haben es leider nicht geschafft. Charles Darwin lässt grüßen. Die unangenehme Begleiterscheinung von alldem ist, dass es im Gang immer enger wird. Inzwischen hängt meine Hose auf den Knien. Aber was soll das? Hier geht es ums blanke Überleben, nicht um mein sich in ebendieser Weise präsentierendes Gesäß.

„Meine Frau, ich muss meine Frau anrufen!" Blitzartig schießt mir diese Erkenntnis in den Kopf. Da rechne ich mir doch tatsächlich aus, wie weit es bis zum Auto ist, dabei steht es zu Hause in der Garage, und die, die es schleunigst zu mir steuern soll, weiß gar nichts von ihrem Glück. Mit zitternden Händen entwirre ich meine Jacke, fasse in beide Taschen. Nichts, gähnende Leere, das Handy ist weg, verloren für immer. Als ich gerade in tiefe Resignation fallen will, werde ich von einem Krankenbett überrollt.

„Aus dem Weg! Ein Notfall", höre ich einen Chor kräftiger Männerstimmen brüllen, deren Besitzer sich als die drei Hünen erweisen, denen ich bereits entkommen zu sein glaubte. Jetzt verstehe ich den Aufruhr von vorhin: Sie haben dort hinten im Gang eine Pflegemannschaft überwältigt und den fahrbaren Untersatz gekapert, der jetzt eigentlich auf dem Weg zum OP sein sollte.

Vom Insassen ist keine Spur, er ist nun in einer besseren Welt, davon bin ich überzeugt. Gerne würde ich mich wenigstens ganz kurz bekreuzigen, doch fehlt mir die Kraft dazu. Während die Piraten johlend davonfahren, bleibe ich benommen liegen. Lebe ich noch? Meine Jacke ist zerfetzt, die Spuren der Bettrollen sind deutlich auf meinem Verband zu sehen. Nein, das kann noch nicht der Himmel sein, ich spüre doch schließlich meinen Atem, höre mich keuchen und komme letztlich zu dem Fazit: Gerade noch einmal gutgegangen. Nachdem ich mich vergewissert habe, dass mir auch wirklich keine Gliedmaßen abhandengekommen sind, ziehe ich mich weiter.

Endlich bin ich da – die Eingangshalle. Aber zu früh gefreut. Das Gedränge ist unvorstellbar. Ein riesiger Ameisenhaufen von Menschen, jeder Einzelne von ihnen kämpft um seine Anmeldenummer. Immer wieder merke ich schwere Tritte auf mir, noch zwei Mal rauschen Rollstuhlräder über mich, aber was ist das schon gegen das Bett mit den drei Riesen? Zentimeter um Zentimeter arbeite ich mich voran. Noch fünfzig Meter bis zum Ausgang. Eine junge Dame stöckelt auf mich zu: „Hier der Fragebogen für unser Qualitäts-Management! Wir sind dankbar für Ihre Anregungen, und wenn wir etwas verbessern können, tun wir das gerne. Wo darf ich ihn ...?“

„Mir egal.“ Mein Ton ist inzwischen nicht mehr ganz so freundlich.

Sie steckt mir den Brief kurzerhand in den Mund. Ich winde mich weiter, nur noch ein ganz kleines Stück – bald ist es geschafft, das Sonnenlicht, das durch die Glastür scheint, lässt mich all meine Blessuren vergessen. In der nächsten Sekunde fährt ein Infusionsständer über meinen Arm, eine Lappalie, die ich eben noch locker weggesteckt hätte. Nun gibt sie mir den Rest, und ich bleibe erschöpft liegen. Es ist vorbei, sollen mich die Engel doch endlich holen. Nein, ich will nicht mehr! Man muss wissen, wann es zu Ende ist! Eine kreischende Frauenstimme beendet unvermittelt meine Agonie – ich öffne die Augen: Die Stimme gehört einer alten Dame, die mit ihrem Rollator nun wie eine Wilde gegen das menschliche Hindernis drückt, das ihr den Weg versperrt. In ihrer Raserei entwickelt sie schier überirdische Kräfte – und wird zu meiner Rettung, denn wie ein Schneepflug schiebt sie mich Meter um Meter vor sich her und damit direkt auf den Ausgang zu. Als ihr dann doch die Luft ausgeht, hebt sie ihr Gefährt kurzerhand an, drückt es schimpfend über mich und trippelt über meinen Rücken auf die rettende Schiebetüre zu. Unendlich dankbar ob dieser glücklichen Fügung spüre ich plötzlich wieder etwas Kraft in meinen erschöpften Gliedern, und es gelingt mir, mich ein gutes Stück weiterzuziehen.

Eine Minute später liege ich tatsächlich in der vollautomatischen Tür! Sie schließt sich, stößt in meine operierte Seite, aber dank des enormen Betriebes geht sie im nächsten Moment auch schon wieder auf. Und dann ist es geschafft: Ich bin im Freien. Die Hose ist mit dem Koffer auf der Strecke geblieben, aber was ist schon aller weltliche Besitz gegen das Licht der Sonne, das erlösend vom Himmel auf mich niederstrahlt! Dankbarkeit erfüllt mich, aber auch Demut: Anderen da drinnen ist es nicht so gut ergangen wie mir, ich lege eine kurze Gedenkminute für sie ein.

Nach deren Ablauf gebe ich mir einen Ruck: Bis zum Parkhaus werde ich es wohl auch noch durchhalten – und dort bleibe ich dann liegen, bis ich von irgendwem abgeholt werde. Da kommt aus heiterem Himmel, einem rettenden Engel gleich, meine Frau auf mich zu. Ich wage meinen Augen nicht zu trauen: Ob ich etwa schon tot bin? Aber nein, ich höre sie doch, höre deutlich ihre Stimme: „Ich wurde von der Klinik angerufen. Du hast noch eine Unterschrift zu leisten. Wir müssen nochmal rein. Und erst natürlich wieder eine Nummer ziehen, das ist hier Vorschrift. Aber sonst sagen sie, dass alles bestens ist!“

An später denken ...

Ein szenischer Albtraum – für solche, die schnell in den Himmel kommen und es sich nach der Lektüre vielleicht doch noch einmal überlegen wollen.

Eine große Schalterhalle, in der sich die Menschen drängen.

Ein älterer Herr geht unsicher durch den breiten Gang. Dann nähert er sich zaghaft einem Schalter, über dem in fetten Buchstaben „Check-in" steht. Ein Mann mit langem weißem Bart, der aber überhaupt nicht zu seinem Alter passen will, sitzt dahinter und tippt eifrig in seinen Computer.

Älterer Herr: Entschuldigung, bin ich hier richtig?

Mann mit Bart reagiert nicht.

Älterer Herr *(räuspert sich, setzt noch einmal an)*: Entschuldigung, ich möchte nur wissen, ob ich hier richtig bin.

Mann mit Bart: Das kommt darauf an, wohin Sie wollen.

Älterer Herr: Nun ... am liebsten ... in den Himmel.

Mann mit Bart: Das wollen sie alle.

Älterer Herr: Nun, ich bin neulich gestorben, und da ...

Mann mit Bart: Das sind hier alle.

Älterer Herr: Aber ich möchte doch nur wissen, wo ich hinmuss. Ich meine, geht es hier zum ... Himmelstor?

Mann mit Bart *(lacht)*: Das Gate ist weiter hinten. Aber bilden Sie sich nur nicht ein, dass Sie einfach da durchstolzieren können. Dafür brauchen wir erst Ihre Personalien. Irgendwelche Papiere dabei?

Älterer Herr: Nichts. Es ging auf einmal alles so schnell. Ich war am Ende nicht mehr Herr meiner Sinne.

Mann mit Bart: Das kenne ich. Ist meistens so. Die Leute denken einfach nicht an später. *(Kopfschüttelnd greift er unter den Tisch und zieht einen Stapel Formulare hervor.)* Bitte das erst einmal ausfüllen, alles unterschreiben, und dann sehen wir uns wieder.

Älterer Herr: Was ist das?

Mann mit Bart: Ihre Anmeldeformulare. Die geb ich ihnen jetzt mal so, aber beim nächsten Mal ziehen Sie eine Nummer!

Älterer Herr: Eine Nummer?

Mann mit Bart *(zeigt nach rechts)*: Dort steht der Automat.

Älterer Herr: Entschuldigung, das wusste ich nicht. *(Sieht auf den Stapel Formulare in seiner Hand.)* Das ist aber viel Papier!

Mann mit Bart: Wenn Sie zum ersten Mal hier sind, ist das nun mal so. Ihren Gewesenenausweis haben Sie dabei?

Älterer Herr: Meinen was? Und ja, natürlich bin ich zum ersten Mal hier. Ich bin ja eben erst gestorben.

Mann mit Bart: Den können Sie online beantragen. www.heavensdoor.com, dann einfach durchklicken, ganz leicht zu finden. Oder über unsre App, das geht natürlich auch.

Älterer Herr: Aber ich habe hier weder Handy noch Computer

Mann mit Bart: Das sieht Ihnen ähnlich. Da hinten stehen jede Menge PCs. Gegen eine kleine Gebühr erhalten Sie das Passwort.

Älterer Herr: Geht das nicht auch anders? Ich bin doch schon etwas älter. Auf der Erde hat so was immer meine Frau für mich gemacht.

Mann mit Bart: Ich verstehe. *(Greift erneut unter den Tisch und*

zieht mehrere Papierbogen hervor.) Dann bitte das hier ausfüllen. Gewesenenausweis beantragen und mit den unterschriebenen Formularen wieder hierher zurückkommen. Aber die Nummer nicht vergessen!

Älterer Herr *(irritiert).* Vielen Dank. *(Nach kurzem Zögern.)* Darf ich Sie etwas fragen?

Mann mit Bart: Ich habe nicht viel Zeit. Sie sehen die vielen Gestorbenen. Die wollen alle noch abgefertigt werden. *(Fährt sich mit der Hand über die Stirn.)* Nach dem Wochenende ist immer die Hölle los.

Älterer Herr: Nur eine Frage: Der Bart, der ist aber nicht echt?

Mann mit Bart: Natürlich nicht. Gehört zur neuen Strategie vom Chef. Willkommenskultur und so weiter.

Älterer Herr: Ich verstehe nicht ...

Mann mit Bart: Nun, das gehört zu unserem Feel-Good-Management: Das Outfit des Kollegen Petrus schafft Vertrauen. Die Neuen stehen dann nicht so zögerlich herum und glauben, sie werden von uns schon freudig erwartet. Letztlich dient es der Optimierung unserer Abläufe. Ein gut organisiertes Onboarding bedeutet schnellere Abwicklung und spart damit Zeit und Geld. Sorry, mein Handy. *(Spricht in sein Mobiltelefon.)* Ja, tut mir leid. Ihr Antrag musste wieder abgelehnt werden. Unbefristeter Aufenthalt in der First Class. Da fehlen noch einige Dokumente. Sie müssen gar nicht so schreien. Ach, wissen Sie ... *(drückt das Gespräch weg).*

Älterer Herr: Was war mit dem?

Mann mit Bart: Purgatory Class, Fegefeuer. Schon zwei Mal. Glauben Sie mir, das ist kein Zuckerschlecken. Aber was soll ich machen? Mir sind da auch die Hände gebunden. Bis man bei uns seinen richtigen Aufenthaltstitel hat, das kann halt dauern.

Älterer Herr: Und wenn man sich nun wirklich nichts zuschulden hat kommen lassen? Ich habe jedem geholfen, wo ich nur konnte, habe gespendet und in der Kirche war ich auch.

Mann mit Bart: Das wird alles geprüft, aber das dauert eben seine Zeit. Bis dahin müssen Sie wie alle anderen in der Erstunterkunft ausharren. Den Antrag dafür kriegen sie noch.

Älterer Herr: Aber eben war da ein junger Mann in einem feinen Anzug. Der ist mit seinem Aktenkoffer einfach durch. Darf der das?

Mann mit Bart: Die mit der Kohle dürfen alles.

Älterer Herr *(verblüfft)*: Also genau wie auf der Erde?

Mann mit Bart: Was denken Sie denn? Wieso sollte es hier anders sein als bei euch? Ja, früher war das anders, aber heute? Alles Schlechte kommt von unten, sag ich immer.

Älterer Herr *(schüttelt verwirrt den Kopf)*: Und Sie wollen damit sagen ...? Also wenn ich Sie jetzt fragen würde, was der wohl in seinem Koffer hatte ...?

Mann mit Bart: Dreimal dürfen Sie raten. Der darf sofort zum Gate, den Koffer wird er dann allerdings nicht mehr haben.

Älterer Herr: Sie meinen?

Mann mit Bart: Wie auf der Erde eben. Aber jetzt muss ich weiterarbeiten. Sehen Sie nur, was ich hier noch für einen Stapel Scheine auszufüllen habe. Alles von solchen wie Ihnen, die nicht mit dem Computer umgehen können.

Älterer Herr: Scheine?

Mann mit Bart: Rot bedeutet Purgatory, Blau First Class, also Himmel, und Schwarz, na ja, da will keiner hin ... Hell, Sie würden wahrscheinlich Hölle sagen. Der Typ eben am Telefon muss aufpassen, dass er nicht den schwarzen Schein bekommt. Sollte sich nicht zu viel beschweren. Nicht gut, was ich in seiner Datei so alles gesehen habe ...

Älterer Herr *(nachdenklich)*: Sie wissen wohl alles über uns ...

Mann mit Bart *(nickt heftig)*: Alles. Seit wir die Digitalisierung vorangebracht haben, entgeht uns nichts mehr. Nicht einmal das kleinste Vergehen

Älterer Herr *(denkt laut nach)*: So viele Sünden können bei mir eigentlich gar nicht vermerkt sein.

Mann mit Bart: Warten Sie's ab. Wir finden immer was. Die Plätze im Himmel sind rar und begehrt, unsere Aufnahmekapazitäten kommen langsam an ihre Grenzen.

Älterer Herr: Nur nicht, wenn man genug Geld mitbringt.

Mann mit Bart: Es gibt immer Ausnahmen. Und die Green Card für die First Class muss man sich erst mal leisten können.

Älterer Herr *(blättert verdutzt in den Papieren)*: So habe ich mir das wirklich nicht vorgestellt. Gewesenenausweis, das habe ich ja noch nie gehört!

Mann mit Bart: Das ist die Bescheinigung, dass Sie auch wirklich tot sind. Könnte ja sonst jeder kommen. Wundert mich, dass Sie es ohne den Ausweis überhaupt bis hierher geschafft haben. Ich werde bei der nächsten Team-Sitzung mal ein ernstes Wort mit unserem Security Manager reden müssen. Das kommt in letzter Zeit immer wieder vor.

Älterer Herr *(rauft sich die Haare)*: Hä? Ich verstehe gar nichts mehr!?

Mann mit Bart: Ja, hier hat alles seine Ordnung. Unsere Verwaltung funktioniert einwandfrei. Und kleine Fehler machen uns nur noch besser.

Älterer Herr: Mein Gott, ich war so froh, dass ich mit dem ganzen Papierkram nichts mehr zu tun haben würde! Noch neulich habe ich zu meiner Frau im Scherz gesagt: Das einzig Gute am Sterben ist, dass man sich dann nicht mehr um die Formalitäten kümmern muss. Ich konnte ja nicht ahnen, dass es ein paar Wochen später schon so weit war. Die Ärzte hatten mir noch mehr Zeit gegeben, aber der Krebs ... Und jetzt das!

Mann mit Bart: So wie Sie haben hier viele gedacht. Was sie nicht auf dem Schirm haben: Die Abteilung des Kollegen Hein geht manchmal recht unorthodox vor.

Älterer Herr *(streicht sich mit einer fahrigen Bewegung über den Kopf)*: Aber sonst kommt dann doch nichts mehr?

Mann mit Bart: Sofern Sie ein biometrisches Passbild und eine Geburtsurkunde dabeihaben, nicht.

Älterer Herr *(schlägt die Hände vors Gesicht)*: Nichts von alldem habe ich. Es ging plötzlich alles so schnell. Dabei sagten die Ärzte, ich hätte noch Zeit! In der Eile habe ich dann an nichts gedacht.

Mann mit Bart: Das war nicht klug. Nichts dabei, womit Sie sich ausweisen können?

Älterer Herr: Gar nichts.

Mann mit Bart: Dann müssen Sie Zeugen benennen, die Ihre Identität bescheinigen können. Aber die dürfen maximal sechs Monate tot sein. Sonst haben die Sie zu lange nicht mehr gesehen. Sie können sich schließlich verändert haben in der Zeit.

Älterer Herr: Ich muss überlegen.

Mann mit Bart: Sonst geht's gleich ab nach unten. In der Abteilung von Senior Director Dr. Luzifer ist der geringste Andrang. Da findet man immer noch ein warmes Plätzchen ...

Älterer Herr: Wenn ich nun aber nicht dahin will, ich meine ... also ich dachte eigentlich an eine – oder besser sogar zwei Etagen höher.

Mann mit Bart: Purgatory ist auch kein Zuckerschlecken. Und Sie träumen am Ende doch nicht gar vom Himmel? Ohne Papiere?

Älterer Herr: Und wenn doch?

Mann mit Bart *(lacht)*: Versuchen können Sie es ja. Aber ich kann Ihnen da keine große Hoffnung machen. Wenn erst Ihre Identität bescheinigt ist, durchlaufen Sie mehrere Verfahren. Und für Ihren irrwitzigen Plan ist ein absolut guter Leumund nötig. Dazu brauchen Sie aber mindestens fünf Zeugen, die bestätigen, dass Sie sich in Ihrem Leben gut benommen haben. Das müssen natürlich wieder andere sein als die, die Ihre Identität bescheinigt haben. Natürlich wird Ihr Leben trotzdem komplett durchleuchtet. Gute Taten, schlechte Taten, alles ist im Computer festgehalten. Selbst wenn Sie als Kind ein Stück Schokolade geklaut haben, alles steht in Ihrer Datei.

Älterer Herr *(macht große Augen und schüttelt den Kopf)*: Ich verstehe gar nichts mehr.

Mann mit Bart: Ja, was glauben Sie denn, wo wir leben? Haben Sie sich nicht schon einmal gefragt, wie es auf die Schnelle entschieden wurde, wenn Sie in Ihrem Leben gefleht haben: Lieber Gott, hilf mir doch! Mal hat er es, mal nicht, stimmt's?

Älterer Herr *(nachdenklich)*: Genau so war es manchmal.

Mann mit Bart: Eben, das lief alles nach einem festen Programm ab, einem Algorithmus, der das in Sekundenschnelle entschieden hat. Dieses Programm legt fest, ob Ihnen in einem solchen Moment gerade geholfen wird oder nicht. Je nachdem, wie oft Sie vorher schon um Hilfe nachgefragt haben, was Sie auf dem Kerbholz haben, ob es gerade andere gibt, deren Anliegen dringender sind – all das legt der Computer fest. Und neuerdings hilft uns auch die KI dabei. Für Sie: Das heißt Künstliche Intelligenz.

Älterer Herr *(kratzt sich am Kopf)*: Und als es noch keinen Computer gab? Ich meine früher?

Mann mit Bart: Da hatte der CEO noch richtig Stress.

Älterer Herr: CEO?

Mann mit Bart: Na, der Chief Executive Officer. Nennen Sie ihn von mir aus auch den lieben Gott. Jedenfalls hat er damals noch selbst in der Abteilung „Soforthilfeanträge“ mitgearbeitet. Heute sieht man ihn da nicht mehr. Er repräsentiert meistens nur noch nach außen.

Älterer Herr *(beugt sich leicht nach vorne)*: Haben Sie ihn schon mal gesehen?

Mann mit Bart: Einmal aus der Ferne. Er begutachtet regelmäßig die drei Departments und sieht zu, dass da alles mit rechten Dingen zugeht. Aber machte einen recht gestressten Eindruck. Kein Wunder, bei seinem Alter.

Älterer Herr: Und sonst macht der liebe Gott nichts mehr?

Mann mit Bart: Doch, natürlich. Er setzt seine Unterschrift unter besonders schwierige Fälle. Und die Urkunde mit der Daueraufenthaltsbescheinigung in der First Class ist natürlich auch von ihm abgezeichnet. Wenn auch nur in Kopie. Wo kämen wir denn hin, wenn er sich mit jedem einzelnen Fall beschäftigen müsste? Einzelgespräche in der Chefetage, das war einmal. Bis auf eine Ausnahme.

Älterer Herr: Und die wäre?

Mann mit Bart: Ein Papst.

Älterer Herr: Kommt der nicht automatisch in den Himmel?

Mann mit Bart: Automatisch nicht. Aber der kriegt wenigstens ein persönliches Gespräch beim CEO. Meist schon nach kurzer Wartezeit. Gilt als priorisiert.

Älterer Herr: Und einer wie ich hätte da keine Möglichkeit? Ich meine, ich war sogar im Kirchenchor.

Mann mit Bart: Absolut aussichtslos. Früher vielleicht mal, aber heute? Keine Chance. Dafür arbeiten wir inzwischen viel zu professionell. Das Management hat sich da einiges einfallen lassen in den letzten hundert Jahren. Die Prozesse wurden Stück für Stück optimiert.

Älterer Herr: Ja, es scheint so, dass alles wie geschmiert läuft. Wie bei diesem Mann mit dem Koffer.

Mann mit Bart: Passt mir auch nicht, aber ist nun mal so. *(Rückt dichter heran, senkt die Stimme.)* Ohne Devisen – oder wie der Alte sagt – ohne seinen Bimbes geht's eben nicht

Älterer Herr *(hebt den rechten Zeigefinger)*: Aber Leute wie Sie muss das doch auch ärgern. Sie rackern sich hier redlich ab und dann kommt so einer wie der von vorhin daher ...

Mann mit Bart: Das können Sie laut sagen, und nur, weil Sie mir wirklich sympathisch sind, verrat ich Ihnen jetzt mal was: Diese Leute bekommen da oben die schönsten Appartements. Mit Erdenblick. Das haben sie schon zu ihren Lebzeiten eingefädelt. Und solche wie wir? Kriegen höchstens ein oder zwei Zimmer in einem runtergekommenen Wohnblock *(stöhnt)*. Und dafür mache ich mich den ganzen Tag mit diesem verschwitzten Ding zum Affen *(zieht an seinem Bart)*. Schon ein beschissener Job. Aber wozu erzähle ich Ihnen das alles?

Älterer Herr: Vielleicht, weil Sie nett sind?

Mann mit Bart: Das hat noch keiner zu mir gesagt. *(Nach kurzer Pause.)* Wissen Sie was? Das sag ich jetzt nur Ihnen: Manchmal denke ich, es wird langsam Zeit, dass der Junge drankommt. Aber daraus wird wohl so bald nichts.

Älterer Herr: Sie meinen ... den ... Jesus?

Mann mit Bart: Natürlich, wen sonst?

Älterer Herr: Und ... besteht da keine Aussicht?

Mann mit Bart *(schüttelt den Kopf)*: Eher weniger. *(Senkt erneut die Stimme.)* Es heißt, Vater und Sohn gehen sich aus dem Weg.

Älterer Herr: Ach was!

Mann mit Bart: Doch. *(Beugt sich nun ganz dicht zu dem älteren Herrn hin, flüstert.)* Der Junge soll dem Alten das damals sehr übel genommen haben. Sie wissen ja, die Sache mit dem Kreuz.

Älterer Herr *(lächelnd)*: Ich meine, mich zu erinnern.

Mann mit Bart: Ist ja auch nicht schön, wenn man vom Vater auf eine solche Mission geschickt wird. Und dass es am Ende so wehtun würde, das will der Junge nicht geahnt haben. Angeblich. Es sei das reinste Himmelfahrtskommando gewesen, soll er bei seinen zwölf dicksten Kumpel geschimpft haben. Dabei war er schon Anfang dreißig, als er sich darauf eingelassen hat, also längst erwachsen. Da sollte man doch eigentlich wissen, was auf einen zukommt, oder?

Älterer Herr *(verwundert)*: Eigentlich schon ...

Mann mit Bart: Trotzdem wär es Zeit für eine Verjüngungskur an der Spitze. Aber egal, das habe ich nicht zu entscheiden. Jedenfalls soll das Verhältnis zwischen den beiden seither im Keller sein. Man weiß auch nicht, wo Jesus heute steckt. Manche vermuten, dass er gar nicht mehr im Himmel ist. *(Hinter vorgehaltener Hand.)* Er soll sich vor einiger Zeit auf die Erde abgesetzt haben.

Älterer Herr: Da könnte man ihn auch gut gebrauchen ...

Mann mit Bart: Wenn er da nicht unter die Räder gekommen ist. Auch in dieser Richtung munkelt man so einiges. *(Nach einer kurzen Pause.)* Aber ich hab nichts gesagt. Ich brauche diesen Posten. *(Legt die Hand vor den Mund, spricht merklich leiser.)* Bin nämlich auf Bewährung hier, stand schon einmal kurz vor der Sauna-Abteilung, wenn ich da nicht ein paar Connections gehabt hätte. Aber das ist Schnee von gestern. Inzwischen darf ich mir sogar Hoffnung auf die First Class machen. Doch wenn herauskäme, dass ich so etwas erzählt habe, könnte ich das glatt vergessen.

Älterer Herr *(hebt die Finger zum Schwur)*: Ich schweige wie mein Grab!

Mann mit Bart: Das will ich hoffen *(seufzt)*. Aber nun setzen Sie sich endlich an Ihre Formulare. Meinetwegen brauchen Sie auch keine Nummer mehr ziehen, wenn Sie fertig sind. Und falls es tatsächlich mit der First Class klappen sollte, müssen Sie wissen, dass das zunächst nur vorläufig ist. Wird am Anfang alle zwei Jahre überprüft.

Älterer Herr: Da plackt man sich ein Leben lang ab und dann muss man noch um sein Plätzchen im Himmel kämpfen – in einem drittklassigen Quartier.

Mann mit Bart: Mehr ist im Moment leider nicht drin, und für den Übergang müssen sowieso alle Neuen erst einmal ins Auffanglager, *(augenzwinkernd)* nun ja, fast alle. Wir sind nämlich voll bis zum Anschlag.

Älterer Herr *(schlägt die Hände über dem Kopf zusammen)*: Oh mein Gott, wenn ich das denen da unten erzählen könnte! Ich würde ihnen sagen: Besser noch ein bisschen leben. Habe viel zu oft gehadert, und mir während meiner Krankheit manchmal gewünscht, dass ich tot wäre. Nun hab ich den Salat.

Mann mit Bart *(lacht)*: Ja, das sollte man nicht tun. Gibt übrigens Malus-Punkte auf Ihrem Konto. Mein Tipp an die da unten wäre: Besser noch ein bisschen leben, und zwar so lange wie möglich. Und immer schön an die Papiere denken, wenn's dann so weit ist.

Älterer Herr: Und an einen dicken Koffer.

Mann mit Bart: Im besten Falle ja. Aber jetzt wünsch ich Ihnen wirklich was. Sehen Sie mal die lange Schlange! Und irgendwann will ich ja auch mal Feierabend machen heute.

Älterer Herr: Ich geh ja schon. *(Blättert in den Papieren und schüttelt den Kopf.)* Gewesenenausweis! Oh Gott, nun geht das hier genauso weiter. Hoffentlich kommt meine Frau bald. Sonst komm ich nie in den Himmel. Wenigstens der Wohnblock sollte doch drin sein. Und keinen Cent hab ich in der Tasche. Was soll hier nur aus mir werden ohne Papiere und ... wie hat der noch gesagt? ... Bimbes? Nicht wahr, du hilfst mir doch, lieber Gott? Entschuldigung, ich meinte natürlich: lieber CEO!

Vom aufrechten Heinz Kleinschmidt

Seit jeher gehörte mein Freund Heinz Kleinschmidt nicht zu den Scheinbaren, nein, das Gegenteil war der Fall: Wie unscheinbar er bereits daherkam – ein nahezu schmächtiger Mann von unterdurchschnittlicher Körpergröße; genau habe ich seinen grünen Pullunder mit dem oben herausragenden, sorgfältig gestärkten Hemdkragen und die graue Stoffhose mit viel zu weitem Schlag vor Augen, sehe ich ihn vor mir mit den etwas zugekniffenen Augen, der Nase, die deutlich zu groß war für den Kopf und dem schmalen Mund, der im Grunde immer nur aufging, um seinen Zeitgenossen irgendwelche Schmeicheleien zukommen zu lassen, ihnen mit übertriebener Hast zuzustimmen oder sich zu entschuldigen, wenn er einmal meinte, mit einer unbedachten Äußerung nicht den richtigen Ton getroffen zu haben.

Nein, Heinz Kleinschmidt gehörte nicht zu den Aufmüpfigen, schon gar nicht zu den Aufrührern. Ich gestehe indes, dass es mich schon verwundert, von ihm als Freund bezeichnet zu werden, kannte ich ihn nämlich, wenn überhaupt, dann nur höchst flüchtig, und der Ehrlichkeit halber sei betont, dass ich diese Bezeichnung hier nur aufgreife, weil er selbst sie bezüglich unseres Verhältnisses ins Spiel gebracht hat und man einem Verstorbenen tunlichst keine Widerrede zu geben hat. Ja, es ist richtig, der, von dem die Rede ist, weilt nicht mehr unter uns – ich selbst habe dies erst wahrgenommen, als ich zufällig seine Gattin beim Einkauf traf und sie mir mit tränenerstickter Stimme davon berichtete.

Offenbar war es meine Betroffenheit – ich gehöre zu den Menschen, die das Talent haben, mehr davon zu zeigen, als es der tatsächlichen Gefühlsregung entspricht –, die sie dazu veranlasste, vor meiner Haustüre zu stehen, und mich, nachdem eine Reihe von Hinweisen auf dringende Verrichtungen nicht die gewünschten Früchte gezeitigt hatten, dann dazu brachte, sie hereinzulassen, ihr einen Platz auf meinem Chaiselongue anzubieten und letztlich ihrem Bitten nachzugeben, vom Leidensweg ihres Mannes zu erzählen.

Der habe nämlich stets große Stücke auf mich gehalten, alle meine Bücher stünden in seinem Regal, nie habe er es indes gewagt, mir seine Bewunderung in direkter Weise anzutragen, geschweige denn, mich deswegen anzusprechen, doch nun, da er tot sei, nehme sie dies in die Hand, doch sei es damit noch nicht getan: Sie wolle mit einem großen Wunsch an mich herantreten, der, wenngleich nie geäußert, auch ganz sicher dem ihres Mannes entspreche: nämlich zumindest die ein oder andere Episode aus seinem Leben zu Papier zu bringen.

Damit sei er dann gewissermaßen unsterblich, ein Teil von ihm werde für immer zwischen zwei festen Buchdeckeln eingefasst sein, und sie habe dann ihren Heinz für den Rest ihres Lebens vor Augen, wenn er da gleichsam im Regal vor ihr stehe und sie sich einbilden könne, den Geliebten doch nicht für alle Zeiten verloren zu haben, sondern sich in ihrer Einsamkeit weiter mit ihm austauschen und seinen Stolz erspüren zu können, dass sein Leben es letztlich wert gewesen sei, in den Stand der Unvergänglichkeit überführt zu werden.

Weil die Witwe dies unter ungezählten Tränen hervorbrachte – immer wieder schnäuzte sie sich bei ihren Worten in ein mit geübter Bewegung aus dem Ärmel gezogenes überdimensionales Taschentuch –, versprach ich, mir die Sache zu überlegen, zumal meine fieberhaft um eine angemessene Ausrede kreisenden Gedanken in diesen Augenblicken nicht zum gewünschten Ziel führten; es war schließlich ihrer Beharrlichkeit zu verdanken – sie suchte mich in der Folge fast täglich auf, schleppte mir immer mehr Material (Briefe, Tagebücher, selbst Schulzeugnisse und Arztbriefe) ins Haus –, dass ich am Ende nachgab, nicht als Ergebnis einer inneren Überzeugung, sondern nur, weil ich mich ihrer nicht mehr zu erwehren wusste und auch, weil sie, das mag meine Gedankengänge zur entscheidenden Wende geführt und schließlich den Ausschlag gegeben haben, mit einem kräftigen Salär winkte, und ein solches können wir Schriftsteller, deren Leistung heute weniger denn je honoriert zu werden pflegt, uns nur in den seltensten Fällen erlauben abzulehnen.

Und so sitze ich denn hier, inmitten eines Wustes von Material, doch anstatt dass diese ungeheure Fülle an Information sämtliche Schleusen geöffnet hätte, um – was durchaus im Bereich des Möglichen gelegen hätte – einer bis dahin gerade noch gebändigten Wut Bahn zu brechen, schlugen alle meine Ressentiments um in eine mir zum damaligen Zeitpunkt völlig unerklärliche Sympathie für dieses farblose Männlein und sein unbedeutendes Leben, und ich begann sogar – erst in Gedanken, dann auch auf dem Papierbogen in meiner Schreibmaschine –, ihm jenes Attribut zukommen zu lassen, das er mir selbst offenbar zu Lebzeiten verliehen hatte: ich nannte ihn einen Freund.

Inständig bitte ich um Vergebung für diese lange Vorrede, doch bedurfte es unbedingt einer Erklärung, warum ich ausgerechnet ein derart blasses Schicksal – zumindest damals war ich noch davon überzeugt – in den Mittelpunkt meiner Erzählung stelle, wobei vielleicht gerade dies die Besonderheit ist, dass ich – einmal angelockt durch den monetären Aspekt – im Laufe meiner Schreibarbeit zu begreifen begann, wie besonders doch gerade das scheinbar Unscheinbare sein kann.

Nun gut, so wenden wir uns denn also in stiller Verehrung meinem Freund Heinz zu, der mir ja bedauernswerterweise erst nach seinem Ableben zu einem solchen geworden ist, und greifen wir zumindest einige Aspekte heraus – dies fiel mir anfangs schwer genug –, die auch für den unbedarften Leser von Interesse sein könnten. Steigen wir also ein in die eigentliche Erzählung, lernen wir ihren Protagonisten kennen und lieben, begeben wir uns auf die Reise durch sein Leben, das zwar kein einzigartiges, dafür aber wohl ein exemplarisches genannt werden darf: Heinz Kleinschmidt, dies mag vielleicht schon durchgeklungen sein, war kein auffälliger Mensch, er nahm sein Schicksal so, wie es kam, ertrug die Dinge, ohne deren Sinn groß zu hinterfragen, und wenn eines seine Devise hätte sein können, so war es diese, die da lautete: „Leben und leben lassen".

Niemals hätte er diesen Satz für sich reklamiert, denn er selbst sah sich völlig anders, fand, dass er seinen Weg durchaus mit einiger Zielstrebigkeit und bisweilen auch nötiger Härte ging, die Wahrnehmung seiner Mitmenschen war ihm, wie er absolut überzeugt war, völlig gleichgültig, was in seinen Augen auch wieder für den absolut gefestigten Charakter sprach, den ihm der liebe Gott mit ins Leben gegeben hatte.

Wie bereits erwähnt, war er von Statur eher klein zu nennen, aus seiner Sicht lag er knapp unter dem Durchschnitt – der objektive Betrachter hätte dies womöglich anders gesehen – und wenn seine Gattin ihn auch um Haupteslänge überragte – dass sie ihm auch an Leibesfülle deutlich überlegen war, tut hier nichts zur Sache –, so war dies in seinen Augen nicht etwa seiner mangelnden Körperlänge, sondern vielmehr ihrem ungewöhnlich hohen Wuchs geschuldet, aber dass sie rein äußerlich nicht das der Norm entsprechende Paar abgaben, verbuchte Heinz einmal mehr als Zeichen einer Souveränität, die ihm andere – verhaftet in der Konventionalität bei der Wahl ihrer Frauen, nämlich peinlichst darauf bedacht zu sein, dass diese nur ja keinen Zentimeter größer waren als sie selbst –, ihm also solche Lachfiguren neideten, die bisweilen mit Feuereifer danach trachteten, ihm darob ein gewisses Manko anzuheften, was ihn, den unabhängigen Denker, den Freigeist, selbstverständlich völlig unberührt ließ.

Dies war die eine Sache, die andere, durchaus belastendere, war sein Vorname: Niemals hätte er gedacht, dass diese fünf so harmonisch aneinandergereihten Buchstaben – mit wohlklingendem

Diphthong in der Mitte und von stimmlosem Zischlaut abgerundet –, dass ein ebenso einfacher wie eingängiger Rufname wie der seine jemals zum Stein des Anstoßes werden könnte, und dennoch gelang es gewissen Weggefährten, genau diesen dermaßen in den Schmutz zu ziehen, dass der kleine Kleinschmidt sich mehr als einmal dafür schämte und weinend aus der Schule nach Hause gelaufen kam.

„Ich bin ein Heinz", pflegte er bei solchen Gelegenheiten seiner Mutter zu klagen, die ihn zunächst noch damit zu trösten suchte, dass Vater und Großvater doch ebenso geheißen hätten, es in ihrer Familie bereits seit Generationen Tradition sei, die männlichen Nachkommen auf diesen Namen zu taufen und es schlussendlich einem jeden in dieser Linie Stehenden bislang nur zur Ehre gereicht habe, genau so und nicht anders zu genannt werden zu dürfen. Heinz sei in der Historie ein häufiger Name für gemeine Leute, Bauern und Knechte, klärte ihn die Frau Mama auf, und wer es nun einmal nicht nötig habe, sich über andere zu erheben – und dazu zähle sie auch ihren Sohn! –, für den sei er eben wie geschaffen.

Wie ich den Aufzeichnungen entnehme, dauerte es offenbar eine Weile, bis die Dame verstand, dass es einen großen Unterschied machte, ob man einfach nur „Heinz" war oder „ein Heinz": Der unbestimmte Artikel vor dem bis dato noch unbescholtenen Vornamen machte denselben in seiner Schulzeit nämlich geradezu zu einem Schimpfwort, denn demjenigen, der auf diese Art geschmäht wurde, sagte man Eigenschaften wie Ängstlichkeit, Angepasstheit, im ärgsten Falle Biederkeit nach, und dies waren Konnotationen, mit denen bereits der kleine Heinz in Bezug auf seine Person nichts, aber auch gar nichts anzufangen vermochte.

Als er älter und ihm der Beifall der anderen noch ein weiteres Stück gleichgültiger wurde, zog er es darum vor, sich mehr und mehr von seinen Altersgenossen abzusetzen, und er wagte es, sogar äußerlich ein Zeichen zu setzen: Entgegen allen Modetrends – es war die Zeit der Hippies und Gammler – wagte er es, Hut zu tragen, was er nicht etwa tat, um größer zu wirken, wie es ihm wiederum bösartigerweise unterstellt wurde, sondern um sich schlichtweg von diesem Mob abzuheben, der unreflektiert und ohne ideologischen Unterbau gegen die tradierten moralischen Werte rebellierte.

Außerdem verhalf ihm dieses neue Utensil dazu, seinen Charakter einmal mehr zu betonen, denn immerhin erlaubte es ihm nicht nur, sich rein äußerlich von den heruntergekommenen Zeitgenossen abheben, nein, er vermochte damit auch sein höfliches Wesen zu unterstreichen, denn nur, wer einen Hut hatte, konnte ihn bei passender Gelegenheit auch ziehen! Was – bitteschön! – war daran auszusetzen, wenn man auf diesem Wege seiner Wertschätzung für andere Ausdruck verlieh?

Es war wie eine Garnitur, die die kleinen Momente des Lebens noch wertvoller machte: In einer Zeit der Beliebigkeit – und dies registrierte Kleinschmidt immer wieder mit Genugtuung – beeindruckte die Mitmenschen kaum etwas so sehr wie ein gelüfteter Hut, und von dieser Gelegenheit machte er darum Gebrauch, wann immer es sich anbot und ihm – angesichts der Fülle tiefgreifender Gedanken, die unentwegt in seinem Kopf kreisten – die Aufmerksamkeit dafür blieb, respektive ihm der Sinn danach stand.

Heinz lebte sein Leben, fand eine gute Anstellung als Sachbearbeiter und eine passende Frau dazu, auch wenn es eigentlich sie war, die ihn gefunden und sich vor vielen Jahren in den Kopf gesetzt hatte, ihn zu ehelichen. Heinz hatte sich ihren Offerten nicht zu widersetzen vermocht, dies auch gar nicht gewollt, und wenngleich ihm wenig später noch am Traualter der Gedanke gekommen war, statt des üblichen „Ja“ ein „Nein“ auf die Frage des Priesters folgen zu lassen, so war er heute heilfroh, dass er sich rechtzeitig besonnen und auf einen Eklat verzichtet hatte: In seiner Lieselotte sah er alle Eigenschaften vereint, die er selbst in sich trug, aber niemals zur Schau stellte: Sie war robust, durchsetzungsfähig, dazu stets bereit, wenn sie etwas kritikwürdig fand, dies auch zum Ausdruck zu bringen, gelegentlich sogar laut, und wenn einmal etwas nicht nach ihrem Willen ging, so verstand sie ihr Ziel am Ende doch immer zu erreichen – selbst in der Ehe fühlte sie sich dominant. Gerne ließ Heinz sie in dem Glauben, tat ihr den Gefallen und gab bei Streitigkeiten stets nach – den Gedanken, dass dies ihrer körperlichen Überlegenheit geschuldet sein könnte, wies er weit von sich, ja in seinem Inneren konnte Heinz nur herzlich darüber lachen, denn ihm war schon klar, wer hier der Herr im Hause war, und er ließ die Gute darum gerne im Glauben, in allen sie beide betreffenden Angelegenheiten das Sagen zu haben: Sie redete eben nur, er aber tat!

Diese seine geheimen Gedanken pflegte er nicht zu verraten – bewusst behielt er sie für sich, und wenn seine Gattin aus einem Wortgefecht wieder einmal als Siegerin hervorgegangen war, so war dies natürlich nur zum Schein: Heinz wusste es stets besser, wer da im einzelnen Falle die Oberhand behalten hatte, und an seiner Meinung, wenn auch nicht immer ausgesprochen, würde selbst eine solche – das folgende Wort entspricht zwar nicht dem sprachlichen Stil der Aufzeichnungen, doch mag die schriftstellerische Freiheit hier zur Rechtfertigung seiner Verwendung dienen – eine solche Amazone nichts ändern.

Die Ehe blieb kinderlos, was Heinz nicht weiter bekümmerte, Lieselotte schien sich ebenfalls nicht viel daraus zu machen – „Diese kleinen schreienden Bälger rauben einem nur die Luft“, so wird sie von dem Verstorbenen zitiert, und er gibt ihr in vornehmeren Worten danach einigermaßen recht; in diesem Falle hatte es mit der klaren Positionierung nicht nur die zitierte, sondern eine ganz andere Bewandtnis: So nämlich würde es wenigstens keinen weiteren Jungen geben, den Heinz auf die Namen der Väter taufen lassen musste – die Hänsel- oder besser: die Heinzeleien, die er selbst zu Kinderzeiten hatte ertragen müssen, reichten für mehrere Generationen aus.

Eines Tages nun erkrankte dieser tapfere Mann an Krebs.

Mein – von mir posthum so genannter – Freund stand inzwischen in den Fünfzigern, und auf einmal war es ihm, als würde er aus seinem beschaulichen Leben hinaus auf einen fernen Planeten irgendwo im weiten Weltraum katapultiert. Nichts war mehr wie vorher, Lieselotte weinte dicke Tränen, als er ihr die Nachricht überbrachte, hatte sich dann aber wieder bald gefasst, denn sie fand, dass jammern nun auch nicht viel helfen würde.

Es gebe heute Mittel gegen alles, auch gegen Krebs, und wenn ihr Mann glaube, deshalb nun im Mittelpunkt stehen zu müssen, so habe er sich gründlich geirrt.

Heinz selbst versuchte sich damit zu trösten, dass diese Krankheit schließlich auch etwas Gutes mit sich bringe, so wie er stets in seinem Leben danach getrachtet hatte, jeder Schatten- eine Sonnenseite entgegenzustemmen: Wer etwa hatte sonst schon die Möglichkeit, sich so wohlvorbereitet mit dem eigenen Tode zu befassen. Wie viele Menschen starben völlig unvorbereitet durch einen Unfall oder nach einem Leben, in dem sie sich standhaft geweigert hatten, diese letzte Wahrheit anzuerkennen, die irgendwann doch einem jeden widerfuhr? Wer hatte schon die Möglichkeit, zumindest kurzfristig das Mitgefühl einer Frau wie der seinen zu erwecken und konnte sich so unmittelbar im Mittelpunkt von Gesprächen wähnen, die es ihr trotz größter Anstrengung nicht immer zu unterbinden gelang? Und schließlich: Wer konnte angesichts seines nahen Endes für sich schon den Vorzug absoluter Ehrlichkeit in Anspruch nehmen?

Kein noch so dünnes Blatt musste mehr vor den Mund genommen werden, denn durfte man es jemandem, der nicht mehr lange auf dieser Erde weilen würde, etwa verübeln, dass er einfach nur ehrlich war? Gewiss, das letzte Privileg musste Heinz für sich streichen, denn er hatte – diese Überzeugung quillt aus jeder Zeile seiner Niederschriften – noch niemals Probleme damit gehabt, dem Nächsten unverhohlen zu sagen, was er von ihm hielt; ihn hatte stets ein unvergleichlicher aufrechter Gang durch sein kompromissloses Leben geführt, nicht eine Kritik, die er nicht auf der Stelle vorgetragen, keine noch so abseitige Meinung, die er nicht mit Vehemenz vertreten, nein, es gab rein gar nichts, womit dieser Ausbund an Geradlinigkeit je hinter dem Berg gehalten hätte.

Dass er ein durch und durch positiv gestimmter Mensch war – gut zu erkennen daran, dass er nicht einmal den Krebs als seinen Feind betrachtete –, änderte an seinem wackeren Auftreten im Alltag nicht das Geringste: Seine Mitmenschen wussten genau, was er von ihnen hielt – dessen war er gewiss – und gerade deshalb hatte Heinz den Vorteil, dass er es nicht einmal sagen musste.

So weit also die Situation, sozusagen die Vorgeschichte zu dem, was ich mir eigentlich zu schildern vorgenommen habe. In der Not zeigt der Mensch sein wahres Gesicht, so heißt es, nicht so unser tapferer Protagonist, denn der hatte es schon immer gezeigt, und es lag auf der Hand, dass er sich auch in dieser Ausnahmesituation mehr als bewährte und ihr zu trotzen verstand, wo immer es möglich war.

Auf Geheiß seiner Frau – er ließ sie jedenfalls im Glauben, dass dem so war – zog er von Arzt zu Arzt, ertrug geduldig die Ungeduld des dortigen Personals, das ihn mehr als einmal maßregelte ob seines ungezogenen Verhaltens in der Praxis – mal hatte er sich nicht zügig genug ausgekleidet, mal das Duplikat eines Befundes vergessen oder eine lateinische Bezeichnung in demselben nicht verstanden; Heinz ertrug all das mit zur Schau gestelltem Gleichmut und seiner hartnäckigen Engelsgeduld, legte nach außen ein so artiges Verhalten an den Tag, dass sich selbst das oftmals so ungehaltene medizinische Personal bisweilen nur über ihn verwundern konnte. Niemand durchschaute seine Cleverness, niemand bemerkte, wie er sich deswegen klammheimlich ins Fäustchen lachte: Ja, er hatte es wieder einmal allen gezeigt, er war klüger als seine Mitmenschen, und wenn er auch mehrere Stunden – manchmal halbe Tage – in einem Wartezimmer verbringen musste, so vermochte auch dies nicht an seinen Nerven zu kratzen.

Sobald er dann – meist mit vagen Angaben und ohne die Aussicht, dass rasch, geschweige denn überhaupt geholfen werde – nach Hause kam, empfing ihn hier die scheltende Lieselotte, die ihn eindringlich aufforderte, seinem Begehr beim nächsten Mal doch bitte endlich etwas mehr Nachdruck zu verleihen. Heinz sah darin keinerlei Notwendigkeit: Die Helferinnen rund um die ärztlichen Ordinationszimmer, die ihre freundliche Seite gerne vor den Patienten verbargen, sie wussten schon, was er über sie dachte, dies musste er nicht unnötigerweise artikulieren.

Höflich, wie er war, bedankte er sich jedes Mal dafür, wenn man ihn mit grimmiger Miene anwies, wo er sich zu platzieren habe – „Sie dürfen noch kurz im Wartezimmer Platz nehmen": Mit Demut nahm er diese Erlaubnis an, legte mit der Zeit sogar sein kritisches – aber selbstverständlich nur gedankliches – Hinterfragen ad acta, warum an die Stelle des Modalverbes „können", das er von früheren Zeiten gewohnt war, in dieser Aufforderung nun das großmütige und zugleich ein wenig disziplinierender klingende „dürfen" getreten war.

Die Zeiten waren rauer geworden, so seine Conclusio, die er sich während der nächsten Stunden zurechtlegte, ein Platz im Wartezimmer war angesichts der Knappheit der medizinischen Versorgung äußerst begehrt, und in diesem Sinne war natürlich das neue Verb zum Ausdruck der geänderten Modalität durchaus gerechtfertigt. Durfte er sich nicht geradezu glücklich schätzen, zu denjenigen zu gehören, denen die Damen an der Pforte die besagte Erlaubnis mitgegeben hatten – es gab doch gewiss auch solche, die nicht dort Platz nehmen durften, wo er sich jetzt niedergelassen hatte? Aus diesem Grunde genoss er sein Privilieg – und es scherte ihn keinen Deut, dass das Wörtchen ‚kurz' in Arztpraxen eine völlig andere Bedeutung hatte als in der Welt da draußen.

Oftmals saß er mehr als ein halbes Dutzend Stunden dort, genoss den Vorzug, der anderen im kalten Flur vor der Eingangstür verwehrt blieb, lauschte den Stimmen der aufgebrachten Beschwerdeführer, die ihrem Unmut lautstark Gehör zu verschaffen suchten, und genoss derweil die Gesellschaft kluger Menschen, fing ihre kritischen Gespräche über die Ärzteschaft auf, die sachkundigen Erörterungen irgendwelcher komplizierter Krankheitszustände, und verfolgte nicht zuletzt – ungewollt zwar, aber deshalb nicht weniger interessiert – die ein oder andere private Unterhaltung, die ihm, dem Philanthropen und somit ausgewiesenem Kenner menschlicher Befindlichkeiten, in den allermeisten Fällen sicheren Aufschluss über den jeweiligen Sprecher oder die Sprecherin zu geben vermochte.

Heinz beschwerte sich auch nicht, als er eines Tages mit einem von Blutergüssen übersäten Arm nach Hause kam – seine Gemahlin wollte gleich einen Advokaten einschalten, doch er beschloss, sein Schicksal tapfer zu ertragen. Was konnte das Personal schon für seine schlecht auffindbaren Adern, zu denen noch ausgesprochen unglückliche Umstände getreten waren? Den ersten Kollegen, der es nicht zuwege gebracht hatte, hatte eine Kollegin abgelöst, die wiederum ein Kollege, letztlich hatte irgendjemand doch noch mitten in die Blutbahn getroffen und die für die Untersuchung notwendige Flüssigkeit injiziert – einen Teil davon leider nur in dafür nicht vorgesehene Gefäße, was sogleich zum extremen Anschwellen seiner Extremität geführt hatte.

Dafür war man gnädig gewesen und hatte ihn quasi der Form halber nur ganz kurz zurechtgewiesen: Warum er denn nicht gesagt habe, dass er mit derart schlechten Adern ausgestattet sei, man wäre sonst doch anders zu Werke gegangen – Heinz wusste es besser, er sparte sich sinnigerweise eine Antwort; selbst dann noch, als man ihn schalt, seinetwegen nun nicht pünktlich nach Hause zu kommen, verbiss er sich jedes Wort, was auch jetzt wieder seiner klugen Über- und letztlich auch Einsicht zu verdanken war: Diese ließ ihn nämlich zur Erkenntnis gelangen, dass, wenn überhaupt jemand, so doch wohl er selbst weit mehr Schuld an der Misere trug als die verständlicherweise ein wenig ungehaltenen Angestellten, denn immerhin waren es seine Adern und nicht die ihren, in die sich so schwer hineinstechen ließ.

Am Ende wurde er vom Arzt, der ihm zu dieser fortgeschrittenen Stunde noch fünf kostbare Minuten seiner wertvollen Zeit zu schenken hatte, mit einer kleinen, aber vermutlich durchaus angemessenen Rüge entlassen: Eine computertomografische Untersuchung, wie man sie eben bei ihm durchgeführt habe, mache nach so kurzem zeitlichen Abstand absolut keinen Sinn, so rasch wachse der Krebs nicht, ob er das denn nicht wisse, und selbst seine forsche Antwort: Nein, er wisse das leider nicht, habe doch nur die Anordnung seines Arztes befolgt, half ihm da wenig. Kleinschmidt wäre nicht Kleinschmidt gewesen, hätte sich nicht auch jetzt wieder eine gewisse Selbstkritik eingestellt: Wäre es nicht seine Aufgabe gewesen, bei seinem Facharzt – natürlich mit der gebotenen Höflichkeit – nachzufragen, ob diese Untersuchung denn auch wirklich schon wieder notwendig war? Genau das hatte er versäumt, und darum war die Schuld bei niemand anderem als bei ihm selbst zu suchen!

Die Gattin reagierte wie so häufig ungehalten, warf kurz einen Blick auf seinen verunstalteten Oberarm und hatte im nächsten Augenblick auch bereits den Telefonhörer in der Hand, um die nach ihrer Meinung unbedingt erforderlichen rechtliche Schritte einzuleiten, doch genau dies ließ Heinz nicht mit sich machen: Mit äußerster Mühe und großer Beharrlichkeit brachte er das Kunststück fertig, sie zu besänftigen, denn er verabscheute nichts mehr als derartige Scherereien, schon gar nicht auf solch niedrigem Niveau. Wie immer, so behielt er auch dieses Mal recht: Der Arm schwoll in den nächsten Tagen merklich ab, Lieselotte beruhigte sich, und Heinz konnte in der Gewissheit, einmal mehr als Sieger aus einer Schlacht hervorgegangen zu sein, gelassen seiner Wege ziehen.

Mit der Krebserkrankung hatte er schon längst seinen Frieden gemacht: Er nahm sie gleichsam als gottgegeben an, irgendetwas musste er schon angestellt haben, dass ihm dieses Schicksal auferlegt worden war, und angesichts seiner Art und der Weise, in der er in seinem Leben schon so manches Mal diesen oder jenen Zeitgenossen vor den Kopf gestoßen hatte, musste er da nicht lange suchen. Schon als der Arzt auf der ersten Aufnahme des Gebildes gewahr geworden war, das sich in seinem Abdomen häuslich eingerichtet hatte, da hatte er dies weniger mit Angst als mit dem ihm eigenen Fatalismus aufgenommen, denn jedermann wusste, dass irgendwann seine Zeit gekommen war, und wenn es bei ihm nun eben schon bald so weit sein sollte, so ließe sich daran nur wenig ändern.

Die Wochen zogen ins Land, ein neuer Besuch beim zuständigen Facharzt stand an, den Kleinschmidt, als die Zeit gekommen war, behutsam, aber – so war er nun einmal – klar und deutlich auf den freundlichen Einwand des Radiologen hinwies, wonach die Abstände zwischen den Untersuchungen vielleicht etwas knapp bemessen sein mochten. Vielleicht hatte er seine Worte doch etwas zu direkt gewählt, denn der Herr in Weiß ergoss sich in Schimpftiraden über den Kollegen, dozierte zehn Minuten, sprach in Metaphern, die Kleinschmidt bei all seiner Bildung kaum verstand, und entließ ihn schließlich, ohne dass er auch nur noch ein einziges Mal zu Wort gekommen wäre. Es sei nur wichtig, gab ihm der Arzt mit auf den Weg, den nächsten Termin bei ihm so zu datieren, dass bis dahin der Befundbericht vorliege, die Aufnahmen selbst müsse er gar nicht sehen, was er brauche, sei einzig und allein die verbale Beurteilung des vermaledeiten Kollegen.

Auf Geheiß der netten Dame an der Pforte ließ Kleinschmidt den Termin entsprechend festlegen, eine Woche müsste ausreichend sein, so ihre Einschätzung, und gut, wenn das so war, dann musste es eben auch reichen. Klug und vorausschauend, wie er war, hatte er den nächsten Termin zur Betrachtung seines Innenlebens bereits im Vorfeld vereinbart – er war ein Meister der Koordinierung. Eine Woche darauf stand er darum wieder in der diagnostischen Praxis, um eine dieser unangenehmen Untersuchungen durchführen zu lassen, denen er sich in letzter Zeit so häufig aussetzen musste.

Sein Herz klopfte kaum, auch wenn er inzwischen durchschaut hatte, dass die beiden Kollegen sich nicht grün waren und er hier wohl wieder seines viel zu frühen Erscheinens wegen Kritik einstecken musste. Am Empfang sagte er brav seinen Spruch auf, in dem er wie nebenbei darauf hinwies, dass der liebe Gott ihm viel zu kleine Adern beschert hatte, beim letzten Mal sei darum ein Problem aufgetreten, für das aber niemand etwas gekonnt habe. Die Dame erwiderte mit professionellem Lächeln, die Information freundlich an die entsprechende Kollegin weitergeben zu wollen. Nachdem er nach wenigen Stunden dann endlich an der Reihe war, hatte die zweite Dame die Information wohl schon wieder vergessen – das konnte passieren, denn sie hatten schließlich nicht nur diesen einen Patienten – und Kleinschmidt musste seinen Spruch wiederholen. Gekonnt stach die junge Frau zu und fand problemlos den richtigen Zugang – wie dumm von Heinz, dass er nicht schon beim letzten Male so umsichtig wie heute gewesen war!

Die ausführliche, sich erneut über mindestens fünf Minuten erstreckende Besprechung beim Arzt nahm beinahe exakt denselben Verlauf wie beim letzten Mal: Der Mann schimpfte, dass die Abstände erheblich zu kurz seien, und wies sein Gegenüber mürrisch darauf hin, dass sich keine Änderung ergeben habe: Eine Metastase, wie sie seinem Krankheitsbild entspreche, wachse nun einmal nicht so schnell, wann werde der Kollege das denn endlich kapieren! Kleinschmidt gelang es glücklicherweise, sein Temperament im Zaum zu halten; er ersparte sich eine deftige Erwiderung, denn er hatte noch eine ganz wesentliche Frage zu stellen: Ob es denn gelingen möge, den Arztbrief binnen einer Woche an den überweisenden Kollegen zu übermitteln?

Das war dann offenbar doch zu viel, womöglich war der gute Heinz auch nicht höflich genug gewesen: Was er sich denn nur einbilde, er habe noch einige hundert Patienten mehr, die alle mit ihren Zipperlein zu ihm kämen, er solle bloß nicht glauben, dass er bevorzugt behandeln werden könne, und schließlich, ja schließlich brauche die Post auch ihre Zeit! Kleinschmidt begriff, was die Stunde geschlagen hatte, mäßigte seinen sonst oft zu ruppigen Tonfall und wies vorsichtig auf die Möglichkeit der Befundübermittlung per Telefax hin.

Leider war er in seiner Aufgebrachtheit offenbar doch nicht höflich genug gewesen, denn der Mediziner explodiert nun förmlich: Das könne, nein, das dürfe er nicht, bei Herrn Kleinschmidt handele es sich schließlich nicht um einen Privatpatienten – was er sich denn nur anmaße? –, bei Menschen seines Standes sei dies aus datenrechtlichen Gründen absolut nicht erlaubt, und er werde sich wegen eines solchen Vagabunden ganz bestimmt nicht strafbar machen. Mit wohlgesetztem kurzem Gruß und betretener Miene verließ der derart Gemaßregelte darauf das Sprechzimmer – hätte er den Hut auf dem Kopf gehabt, er hätte ihn jetzt nicht gezogen! –, nahm aber seinen ganzen Mut zusammen, um bei der Dame am Empfang noch einmal vorzusprechen und sie um Rat zu fragen, denn irgendeinen Ausweg aus der verfahrenen Situation musste es doch geben.

„Eine Woche muss reichen", die Worte der Kollegin aus der anderen Praxis klangen ihm ganz deutlich im Ohr. Natürlich könne man auch in seinem Fall von der Übermittlung per Fax Gebrauch machen, klärte ihn das Fräulein auf, nur müsse dazu eben erst einmal der Bericht vorliegen. Schiere Verzweiflung wollte den gebeutelten Patienten erfassen – der arme Heinz schlich völlig niedergeschlagen aus der Praxis, doch wäre er nicht Heinz Kleinschmidt gewesen, wenn er so mir nichts, dir nichts aufgegeben hätte, und schon nach wenigen Minuten kam ihm die erlösende Idee: Er würde ganz einfach bei dem anderen Arzt anrufen und um eine kleine Terminverschiebung bitten. Gesagt, getan: Sogleich suchte er sich einen ruhigen Ort, griff zum mobilen Telefon – wie nützlich diese neuartigen, bisher von ihm nicht sonderlich geschätzten Geräte doch sein konnten! – und wartete geduldig in der Warteschlange, bis sich endlich eine weibliche Stimme meldete, der er in der Eile kein Gesicht zuordnen konnte.

Kurz und höflich wie stets trug er sein Anliegen vor, zu seiner Überraschung wurde es kein schönes Telefonat. Die ihm ein wenig ungeduldig erscheinende Dame am Telefon meinte, wenn er am vereinbarten Tag nicht kommen könne, sei in den nächsten sechs Wochen kein Termin möglich, er müsse also schon zusehen, dass er den Bericht pünktlich herbeischaffe. Immerhin gehöre es zur Eigenverantwortung eines Patienten, dafür zu sorgen, dass der Befund zum Termin bei ihnen vorliege, das könne man doch verlangen, ja, es sei schlicht und ergreifend das Mindeste, das man ihm zumuten dürfe. In seiner Verzweiflung beteuerte Kleinschmidt, dass es doch auch in seinem Interesse sei, die Vereinbarung einzuhalten, denn immerhin handele es sich um eine schwerwiegende Tumor-Erkrankung.

Spontan kam ihm der Gedanke, den er auch gleich umsetzte, nämlich ihr vorzuschlagen, ob sie vielleicht einmal in der radiologischen Praxis nachhaken könne. Kraft ihres Amtes könne sie dem Anliegen womöglich etwas mehr Nachdruck verleihen als er. Da hatte er den Bogen aber eindeutig überspannt, so unverschämt, wie er eben war! Ebendies hatte die Dame erkannt und warf ihm nun genau das vor, was ihm gelegentlich unterlief, wenn er sich wieder einmal nicht im Griff hatte, nämlich eine bodenlose Unverschämtheit, wonach sie wütend darauf hinwies, dass das Telefonat mit ihm nun ohnehin schon ganze vier Minuten dauere. Kleinschmidt bemühte sich, auf der Stelle eine Entschuldigung folgen zu lassen, und bat hilflos um Rat, was er denn nun überhaupt noch tun könne, um der Angelegenheit eine gute Wendung zu geben. Leider hatte er dabei offenbar schon wieder versäumt, den richtigen Ton zu treffen: Die Dame bezichtigte ihn nunmehr der Frechheit und drohte, dies auf seiner Karteikarte zu vermerken. Im nächsten Moment war das Gespräch beendet – sie hatte aufgelegt.

Ein Gefühl völliger Ausweglosigkeit bemächtigte sich seiner: Was sollte er nur tun? So konnte er Lieselotte doch unmöglich unter die Augen treten! Schnappatmung trat auf, sein Herz raste, die Ohnmacht nahte – tief atmete er durch, einmal, zweimal, dreimal – dann fasste er sich ein Herz und trat noch einmal den Fußweg in die Radiologie an: Dort angekommen, bat er inständigst darum – fast wäre er auf die Knie gefallen –, dass man den Befund doch bitte, bitte so rasch wie möglich in die Praxis des Kollegen faxen möge. Er unterstrich seine eindringlichen Worte mit mehrmaligem Lüften seines Hutes und hatte alsdann tatsächlich die berechtigte Hoffnung, dass man sich die allergrößte Mühe geben werde, seiner Bitte nachzukommen. Nur die Gewissheit, die gab man ihm leider nicht mit auf den Weg: Man zeigte Verständnis, wollte aber nicht garantieren, dass es gelinge, bis zu besagtem Termin das für ihn lebenswichtige Schreiben zu übermitteln.

Schweißgebadet trat Heinz den Rückweg an – die vergangenen Stunden, wie sehr sie an ihm zehrten! Immer wieder ließ er das Telefonat Revue passieren und kam jedes Mal zu dem Schluss, dass er sich in diesem Falle ausnahmsweise einmal recht wenig hatte zuschulden kommen lassen, auch wenn er ansonsten noch so ein großer Heißsporn sein mochte. Lange brauchte er an diesem Tag für den Heimweg, so sehr ließ er sich Zeit, doch endlich ließ ihn seine Klugheit zur Einsicht gelangen, dass er irgendwann sowieso durch die Haustüre schreiten müsse, hinter der ein gewaltiges Donnerwetter auf ihn wartete, und darum beschloss er, den harten Spruch des Strafgerichts so rasch wie möglich über sich ergehen zu lassen.

Kleinlaut berichtete er seiner Frau von den Geschehnissen dieses Tages, den Hut zog er dabei nicht, denn die kluge Gattin durchschaute dieses Manöver schon lange und sie würde ihm noch kräftiger die Leviten lesen, als dies ohnehin zu befürchten war, wenn sie erkannte, dass er sie um den Finger zu wickeln versuchte.

Wie es aber meist so war, es kam im Leben immer anders; alles kam anders, als man es sich vorstellte, das war eine der Erkenntnisse, die unser Heinz in den vielen Jahren seines Daseins gesammelt hatte, und genau so war es auch dieses Mal: Die Reaktion seiner Lieselotte überraschte ihn so sehr, wie ihn in den letzten Jahren kaum etwas überrascht hatte, denn statt der erwarteten Schimpftiraden wartete seine Frau gar nicht ab, bis er die Vorgänge bis ins Detail preisgegeben hatte, sondern breitete nur ihre Arme aus, nahm ihn einen Augenblick später auch schon in dieselben – dass ihm dabei fast der Atem ausging, störte ihn in diesen Augenblicken herzlich wenig: „Du Armer, du hast Krebs und dann so etwas. Eine Freundin hat mir eben erzählt, dass man daran sogar sterben kann."

Sie halste ihn immer fester, versicherte ihm immer wieder ihre Solidarität und kündigte endlich an, ihm zu helfen. Sofern sie nun nicht bald mit ihrer Liebesbekundung aufhörte, würde diese Hilfe nicht mehr nötig sein, zu diesem Gedanken war der nach Luft ringende Kleinschmidt gerade noch in der Lage. Als die Gute ihn nach einer Ewigkeit wieder freigab, eilte sie unverzüglich ans Telefon: „Die bekommen jetzt was zu hören!"

„Nein!", rief er nur, und wieder „Nein!".

Wie elektrisiert von diesem Wort aus seinem Munde, das sie in ihrer 20-jährigen Ehe wohl zum ersten Male vernahm, hielt seine sonst so resolute Gemahlin auf der Stelle inne und stellte den bereits ergriffenen Hörer mit zitternder Hand zurück auf die Station.

„Ich löse das auf meine Weise", sagte Heinz entschlossen, der ein wenig erschrak über den Tonfall, den er an sich – zumindest seiner Frau gegenüber – noch gar nicht kannte. Nun war der Ball in seinem Feld, er hatte es so gewollt: Am Abend noch setzte er einen Brief auf, der seiner Meinung durchaus einer gängigen Redensart entsprach, die nämlich besagte, dass er sich ordentlich gewaschen hatte. Stolz legte er Lieselotte den Entwurf vor: „So freundlich darfst du diesen Typen nicht kommen", schalt sie ihn, „lass mich mal ran!"

Doch nein, hier musste es eine Grenze geben! Er würde sein naturgegebenes Niveau auch bei dieser Auseinandersetzung nicht verlassen, und so beharrte Kleinschmidt darauf, den Brief in der einmal gewählten Diktion zu belassen. Auch ein Mensch in einer Arztpraxis durfte einmal einen schlechten Tag haben, und vielleicht hatte er etwas übersehen und letztlich eine Teilschuld auch bei sich selbst zu suchen: Bei genauer Nachbetrachtung musste er nämlich einsehen, dass seine Worte möglicherweise doch nicht so gewählt gewesen waren, dass sie einer unabhängigen Überprüfung standgehalten hätten.

Es war dies ein Tag, der dem aufrechten Mann lange in Erinnerung bleiben sollte: Nachdenklich betrachtete er am Abend sein entschlossenes Gesicht im Spiegel – so wie er handelte ein Mann! –, ja, ein solcher Haudrauf wie er nahm es mit jedem Gegner auf, und wenn der Feind auch „Krebs" heißen sollte, so würde er auch diesen am Ende ganz sicher besiegen!

Ich schließe hier meine Geschichte und halte kurz inne – wir alle wissen, dass dem ehrenwerten Heinz Kleinschmidt das Letztere leider nicht gelungen ist. Warum ich gerade hier ende? Die Frage der wertgeschätzten Leserinnen und Leser ist an dieser Stelle gewiss nicht unangebracht, und ich muss zugeben, dass ich sie nur mit einiger Mühe beantworten kann, dennoch soll zumindest der Versuch unternommen werden: Nun denn, ich denke, dass wir das Wesen unseres Protagonisten mit all seinen Kanten und Ecken bis zu diesem jähen Schnitt zur Genüge kennengelernt haben – das Geschilderte reicht aus meiner Sicht vollends aus, um sich ein Bild von dieser einzigartigen Person machen zu können, und außerdem soll doch auch die Fantasie noch ein wenig gefordert werden: Wie es unserem tapferen Heinz in der Klinik ergangen ist, die, so viel sei verraten, nicht die einzige geblieben ist, wie er der Krankheit trotzte, er sich dennoch immer wieder mutig gegen unangemessene Behandlungen in den großen Krankenfabriken zur Wehr setzte – all dies mag sich der Leser bitte selbst ausmalen.

Hinzu kommt natürlich, dass mir von der Phase, in der sich der Arme in zunehmend schlechterem Zustand befand, jegliche Aufzeichnungen fehlen: Nachdem er seinem Ärger, wie oben geschildert, gehörig Luft gemacht hatte, folgte gleich die Einweisung ins Hospital, von da an ging es unaufhörlich bergab mit ihm – alles Aufbäumen war vergebens, man kurierte ihn regelrecht zu Tode.

Leider muss er nun dermaßen geschwächt gewesen sein, dass sich selbst eine Kämpfernatur wie die seine nicht mehr gegen das ihm aufgebürdete Schicksal zur Wehr setzen konnte. Seine geliebte Lieselotte vertraute mir noch an, dass sie durch ein Telefonat von einer ihrer über alles geliebten Sportsendungen – sie nannte eine fernöstliche Kampfsportart, an deren Name ich mich nicht mehr zu erinnern vermag – aufgeschreckt worden sei: Rasch sah sie sich noch den Ausgang des Zweikampfes an und eilte auch schon ans Sterbebett ihres Mannes – doch da hatte ihr Heinz bereits das Zeitliche gesegnet.

Die Beisetzung fand im kleinen Kreise statt: Nur einige Sachbearbeiterkollegen aus seiner Abteilung waren gekommen – der Chef hatte sich wegen dringender Termine entschuldigen lassen –, eine Handvoll Verwandte waren zugegen und der Hausarzt.

Im Zuge meiner Recherchen habe ich kürzlich das Grab aufgesucht: Angemessen, so mein Eindruck: schlicht und mit gerader Linienführung – genauso eben wie der, der darin seine letzte Ruhe gefunden hatte. Besonders beeindruckte mich die Inschrift auf dem marmornen Grabstein: „Ehrliche Aufrichtigkeit braucht keine Zeugen".

Wie wahr, mein guter Heinz, wie wahr! Ruhe in Frieden!

Voll erwischt

Mich hat's voll erwischt. Krebs. Echt Scheiße. Da schwirrt mir jetzt einiges in der Birne rum. Eigentlich hatte ich noch nicht vor, abzutreten. Mit gerade mal vierzig ist man heute noch kein alter Sack. Wie haben se an meinem Geburtstag gesagt, ich komm jetzt in die besten Jahre, und dann hat man plötzlich so 'ne Kacke am Bein. Das passt mir jetzt absolut nicht in den Kram: Hab nämlich noch einiges vor, die alte Hütte muss renoviert werden, neue Heizung rein, danach die Fenster, jede Menge Arbeit also. Und bezahlt will das auch alles werden. Dafür jetzt das. Kann ich echt nicht gebrauchen. Aber wird schon. Soll nur nicht so ewig dauern. Und sagen lasse ich mir von den Quacksalbern sowieso nichts. Ob ich rauchen würde. Na ja, schon, hab ich gesagt. Wie viele am Tag?, wollte die Tussi wissen. Geht das die wirklich was an? Zehn, hab ich gesagt, sollen se mir mal glauben. Ein Laster muss der Mensch schließlich haben, vielleicht auch zwei.

„Die paar Bierchen machen den Bock auch nicht mehr fett." Hab ich neulich schon zu meiner Alten gesagt und ihr dabei einen liebevollen Klaps auf den Hintern gegeben. „Den Bock nicht", hat sie darauf gemeint, „aber dich". Dabei hat sie auf meine Trommel gezeigt. Guter Konter, find ich immer noch, weil ich hatte das ja anders gemeint – sie ist nämlich auch nicht die Schlankheit in Person. Manchmal ist sie gut drauf. Aber nicht immer. Im Moment lässt sie die Fresse ganz schön hängen. Weil das Haus noch längst nicht bezahlt ist, und wenn dann was mit mir wäre ...

„Mit mir ist schon nichts", hab ich geantwortet.

„Ja und die Kleinen?" Fast geweint hat sie dabei. Kinder bräuchten einen Vater. Haben ja einen, hab ich nur gesagt, und das wird auch noch ein bisschen so bleiben.

Der Schwiegervater hat selbst Krebs, aber ’ne andere Sorte als ich. Zum Glück. Ist einmal nicht mein Fall, der Alte. Neulich war er da, wollte mir einen Vortrag halten, von irgendwelchen Säulen, die man braucht, um gegen die beschissene Krankheit anzukommen. Das hätten sie ihm in der Reha erzählt. Die Familie wäre eine davon. Also mit seinem Töchterlein versteh ich mich ganz ordentlich. Klar, dass es manchmal auch raucht in der Hütte, aber im Großen und Ganzen ist es okay.

Die Kinder werden auch ihr Ding machen. Okay, die Große ist jetzt in dem komischen Alter, wo es manchmal Zickenkrieg gibt, dafür ist der Kleine absolut pflegeleicht. Wenn er an seinen Laptop darf, ist stundenlang Ruhe. Was will man mehr? Jedenfalls wäre die Säule schon mal gebongt.

Der alte Schwachkopf hat noch mehr gesagt, aber das fällt mir jetzt nicht mehr ein, ich hör dem auch nie so richtig zu – doch, jetzt: Freunde! Brächte man unbedingt, wären ’ne wichtige Stütze in so ’ner schweren Zeit. Er drückt sich immer so geschwollen aus. Aber auch das kein Problem, ich habe mehr Freunde als der Haare. Jeden Sonntag treffen wir uns beim Stammtisch, klasse Typen, echt lustig mit denen. Gut, einen haben wir dabei, der fällt aus der Rolle: HSV-Fan – wie kann man nur? Ausgerechnet diese Flachlandtiroler. An dem arbeiten wir die ganze Zeit, sagen, dass wir ihn auch noch zur Eintracht kriegen, aber der wehrt sich mit Händen und Füßen. Doch bis auf das ist der in Ordnung. Will mir auch helfen bei der Heizung.

Da waren noch mehr von diesen komischen Dingern, diesen Säulen, wie idiotisch sich das schon anhört! Alle krieg ich sie nicht mehr zusammen, weiß nur, dass eine der Glaube war. Der Glaube – wie der das schon gesagt hat mit seinem katholischen Gesicht! – hätte den alten Schwachkopf am liebsten laut ausgelacht! Ich glaub vieles, aber nicht euren ganzen Mist, hab ich gesagt. Die Schwiegermutter ist fast an die Decke gegangen. Rennt nämlich jeden Sonntag in die Kirche. Ich soll mich nicht versündigen, hat sie sich aufgeregt. Schließlich wäre ich doch auch christlich erzogen. Richtig, bin ich – gerade deshalb hab ich ja heute auch nichts mehr mit dem Verein am Hut!

Ihr werter Gatte hat dann gemeint, dass Glaube in einer solchen Situation viel helfen könnte. Ihm vielleicht, für mich ist das kein Ding.

„Aber ihr habt doch kirchlich geheiratet", hat mich die Alte angemacht. Logisch haben wir das. Um des lieben Friedens willen. Alle haben sie damals gesagt, wir sollten das machen, sogar meine Angetraute – also war sie da ja noch nicht.

„Wie hübsch du damals aussahst in deinem weißen Brautkleid", fing die Mama an zu schwärmen. Blablabla.

„Da würdest du heute nicht mehr reinpassen", hab ich gesagt und meiner Gattin zärtlich auf die Schulter geklopft. Fand sie gar nicht lustig, den Gag. Frauen verstehen nun mal keinen Spaß.

Und die liebe Schwiegermama in dem Moment – wenn Blicke töten könnten, sag ich nur.

Nein, sie waren noch nie einverstanden mit mir, von Anfang an nicht. Wollten immer was Besseres für ihre Kleine, nicht so einen, der mit den Händen arbeitet, sondern mit dem Bleistift. Schließlich war der Vater auf'm Amt – und dann gibt sich das verzogene Mädel mit so einem wie mir ab. Haben mich das immer spüren lassen, aber ich hab mich gewehrt. Kontra gegeben, wo es ging. Mir einen Spaß draus gemacht, auf ihre Kirche und ihren lieben Gott zu schimpfen.

„Das musst du eines Tages alles beichten", hat die Alte doch tatsächlich mal zu mir gesagt.

„Kein Problem", meinte ich, „das mach ich! So wie früher!"

Und dann habe ich der erzählt, wie wir nach der Beichte in so einen kleinen Laden sind, einer hat die Besitzerin abgelenkt, der andere hat sich die Taschen vollgestopft. Jede Menge Kippen waren natürlich auch dabei. War das 'ne Ausbeute! Ja, wir waren so richtig katholisch: Immer ging es nach dem Kindergottesdienst dahin, die Alte im Geschäft schlug schon die Hände überm Kopf zusammen, wenn die ganze Meute angerückt ist. Danke für die milden Gaben! In 'nem andern Laden haben wir über Wochen so viel geklaut, dass wir einen ganzen Schuhkarton voll hatten. Süßkram vom Feinsten. Mein Kumpel war 'n bisschen schräg drauf, noch katholischer als ich. Als ich mich bei ihm daheim gleich auf die Kiste stürzen wollte, hat er den Deckel drauf gemacht.

„Es ist Fastenzeit", hör ich ihn noch heute. Nun gut, hab ihm den Willen getan, und dann haben wir den Karton eben am Ostersamstag leer gefuttert. Klauen darf man in der Fastenzeit, aber futtern nicht – das sind die richtig Frommen!

War das ein Schmaus damals! Weiß noch genau, wie weh mir der Bauch danach getan hat. Haben noch so'n paar Dinger gedreht, die ich bei den Kindern nie erzählen darf: Schon cool, wie wir als Zehnjährige da auf der Fensterbank im ersten Stock saßen, gemütlich ein Zigarettchen geraucht und auf Autos geschossen haben. Gut, die alte Luftpistole hatte eh keinen Druck, die verkackten Diabolos haben 'nen großen Bogen durch die Luft gemacht und sind dann gerade so auf den Dächern gelandet. Das hab ich sogar mal gebeichtet, aber ich hab Erbsenpistole gesagt, sonst hätte sich der Pfaffe noch aufgeregt. Er hat dann bisschen gelabert, so nach dem Motto „Das kommt nie wieder vor", die Pfoten gehoben und mich verdonnert, zu Hause ein paarmal abzutrocknen. Hab ich tatsächlich auch gemacht. Aber dann ging's munter weiter.

Nun gut, lange her, man ist älter und weiser geworden. Wenn ich's mir so recht überlege, sollt ich vielleicht jetzt, wo die Sache näherkommt, doch an 'nem kleinen Notfalldraht nach oben basteln, wenigstens ein bisschen und nur zur Sicherheit. Schaden kann's ja nicht, und man weiß ja nie! Ich mein, ich hab zwar keinen Schiss, aber wenn da noch einer mehr ein Auge drauf hat, kann's ja nicht von Nachteil sein. Ich glaub zwar nicht an den, aber wenn ich mich am Ende vertan hätte, wär's auch dumm.

Hab nämlich echt noch keinen Bock, den Abgang zu machen. Aber in die Kirche geh ich deshalb ganz bestimmt nicht. Da kriegen mich heute keine zehn Gäule mehr hin! Dabei war ich früher sogar mal Messdiener. Einer von den frommsten – darf ich heute keinem mehr erzählen! Wenn ich mal nicht brav da vorne am Altar rumhockte, haben wir hinten Niespulver durch die Gegend geblasen. Das gab es damals noch, echt cooles Zeug – und hat immer gewirkt. Herrlich, wie die Omas ihre großen Taschentücher aus dem Ärmel zogen und ihre verschrumpelten Nasen putzten! Schade nur, dass am Sonntag die Geschäfte nicht aufhatten, denn sonst hätte die Alte nach der ach so heiligen Messe wieder in ihrem Laden schwitzen müssen. Hatte die ein Schwein! Und ich eigentlich auch – ja, das ist so! –, denn sonst könnt mir der liebe Herrgott heute nämlich noch mehr Missetaten vorhalten, und das wollen wir doch nicht!

Dabei bin ich nun echt kein verkehrter Kerl, war ich auch früher nicht. Gut, ja, das mit der Versicherung. Ach was, da mach ich mir keinen Kopf: Versicherungen kann man nicht betrügen, bei denen muss man selbst dafür sorgen, zu seinem Recht zu kommen. Und dass ich diesem einen Idioten mal die Fresse ... Verjährt, außerdem würde ich das jederzeit wieder tun. Wenn einer, dann hatte der das verdient. Mein Gott, die paar kleinen Geschichten, was haben denn andere erst auf dem Kerbholz? Hing der Junge von dem Gott nicht sogar mit einem Mörder am Kreuz und wie ist es ausgegangen? Am Ende hat er gerade den mit in den Himmel geschleppt. Dann müsst er bei mir doch auch ein Auge zudrücken, denn die paar Dinger, die ich gedreht habe, sind gegen das, einen abzumurksen, doch nun wirklich Kinderkram. Außerdem bin ich krank, schwerkrank, das muss ja wohl schon reichen.

Und dann – gibt es da nicht diese Story von dem verlorenen Schaf? Wenn ich das richtig behalten habe, hat sich der Boss der

Herde, ich glaub, das sollte der Kollege über den Wolken sein, jedenfalls hat sich der über das eine Schaf, also das, das sie dann wiedergefunden haben, mehr gefreut als über alle anderen, die dageblieben sind. Also doch nur logisch, dass er bei mir erst so richtig happy sein müsste: Bin schließlich ein Mensch und nicht so ein dummes blökendes Vieh! Habe also ziemlich gute Karten, denk ich mir.

Aber was red ich denn da für einen Unsinn?! So kenn ich mich ja gar nicht. Das Ding wird rausgesäbelt und gut ist. Dazu brauch ich keinen lieben Gott. Schon gar nicht den von der lieben Schwiegermutter. Soll weiter ihren Stuss labern, mich kriegt die scheinheilige Kuh jedenfalls nicht in ihren Tempel rein.

Gestern war das OP-Vorgespräch. Der Doc wollte mir das alles haarklein erklären. Da hab ich ein Machtwort gesprochen: „Behalten Sie das mal ruhig für sich. Will ich alles gar nicht wissen. Machen Sie Ihr Ding, und ich mach meins!"

Er hat ziemlich bedröppelt aus der Wäsche geguckt und gesagt, dass das nun mal dazugehört.

„Dann aber bitte in Kurzform", hab ich gesagt und die Ohren auf Durchzug gestellt. Ist doch wahr: Ich verklicker dem ja auch nicht, wie man Estrich macht oder 'nen Hohlblock zurechthaut. Der ganze medizinische Kram interessiert mich nicht. Die sollen ihre Arbeit machen, ich mach meine – laber ja auch nicht jeden damit zu! Er denkt, dass ich wieder ganz gesund werden kann, musste er mir am Schluss noch unterjubeln.

„Was denn sonst?", hab ich gefragt. Und wozu gesund? Bin ja nicht krank. Also jedenfalls nicht so, dass was wehtut. Dieses Scheißding merkst du ja nicht einmal. Das ist ja das Beknackte bei diesem bescheuerten Krebs: Du kommst gesund ins Krankenhaus und gehst krank wieder raus. Aber gut, was will ich machen? Zum Glück ist es bald so weit. Meine Alte will jetzt immer reden, das geht mir gewaltig auf den Geist. Manchmal rückt sie ganz dicht an mich ran und fährt mir mit der Hand über die Glatze.

Ich mach dann jedes Mal den Fernseher lauter und tu so, als hätt ich nichts gemerkt.

Das blöde Dauergesülze nervt total, hat sie von ihrer Mutter: „Wie fühlst du dich denn?“, „Machst du dir große Sorgen?“ – ich kann es einfach nicht mehr hören.

Einig sind wir uns nur, dass die Kinder nix zu wissen brauchen. Kevin würde das sowieso noch nicht kapieren und Sabrina hat ganz was anderes im Kopf. Sonst schimpf ich da ja drauf, aber im Moment ist es gut so. Soll sich von mir aus Gedanken machen, wie sie die Typen, die sie an der Wand hängen hat, in die Kiste kriegt, aber nicht um ihren Alten. Nur kein Geplärre bitte, das würde mir echt auf die Eier gehen!

Worauf ich mich im Moment freue, ist der Abschied vom Stammtisch. Nur zwei Tage, bevor ich einrücken muss. Da klemme ich mir ordentlich die Lampen ab! Die andern haben das auch schon gesagt, zumal am Tag vorher die Eintracht spielt. Erst wollt ich denen ja gar nichts sagen, aber dann hab ich gedacht: Was sollen die denn denken, wenn ich auf einmal nicht mehr komme? Hab natürlich nur so das Nötigste erzählt, mehr brauchen die nicht zu wissen. Interessiert die auch nicht. Aber prima Jungs! Wollen mich im Krankenhaus besuchen und bisschen was Flüssiges einschmuggeln. Klasse Typen! Und da sagt meine Alte immer, das wär kein Umgang für mich! Die hat ja absolut keine Ahnung! Hoffentlich ist sie nicht gerade da, wenn die bei mir aufschlagen.

Ansonsten ist alles klar für das große Schlachtfest. Papiere hab ich, Koffer ist schnell gepackt, mal sehen, dass ich irgendwo wenigstens ’nen kleinen Flachmann reinkriege, ohne dass sie was merkt. Auf der Arbeit hab ich gesagt, dass ich danach erst mal noch ’n bisschen krankfeiere, der Chef hat nicht mal gemeckert, also auch das in Sack und Tüten, ach ja, und das Wichtigste: Weiß auch schon, wo vor dem Krankenhaus die Raucherecke ist. Hab den Kumpels gesagt, wo sie mich finden können, wenn ich nicht im Zimmer bin.

Im Großen und Ganzen also alles halb so wild. Kriegen wir schon hin. Hoffentlich ist der Operateur nur kein Offenbacher. Dann wäre ich nämlich verloren, denn wenn der erst das große Eintracht-Wappen auf meiner Brust sieht ... Aber vielleicht hab ich Glück und er ist einer von uns. Muss ja nicht unbedingt ein Ultra sein.

Einmal wie John Wayne

Man sagt, Jorge Mario Bergoglio sei in wenigen Minuten ein anderer geworden. Einst eher ernst, bisweilen ein wenig mürrisch wirkend und keine allzu großen menschlichen Regungen verratend, habe er auf dem Weg zum vatikanischen Balkon die Wandlung vollzogen und sei dann als lächelnder Papst Franziskus vor die jubelnde Menge getreten.

Ob dies nun bewusst geschehen ist oder nicht, wer will dies sagen? Für meine Geschichte spielt die Antwort auch keine Rolle, wichtig ist nur, dass es offenbar so gewesen ist und ich es mir an diesem wohl einschneidendsten Tag meines Lebens genau in Erinnerung gerufen habe. Denn genauso wie der Papst wollte ich es auch machen – wenn auch in umgekehrter Richtung. Früher ging mir nämlich eher der Ruf voraus, der Generation anzugehören, die ihre Gefühle allzu deutlich nach außen kehrte, eines jungen Mannes, der eigentlich kein richtiger Mann war, weil es sich für einen solchen nun einmal nicht gehörte, Gefühle zu zeigen und offen über sein Innenleben zu sprechen: Lachen – am liebsten über derbe Männerwitze – ja, aber Weinen, das war strikt verboten.

Wir in unserer Clique waren da stets anders gewesen; schon zu einer Zeit, als dies noch mit Argwohn betrachtet wurde, fielen wir Jungs uns um den Hals, erzählten von unseren Träumen und der Zuneigung, die wir für die ein oder andere Dame – gelegentlich auch einen Mann – empfanden. Unsere unorthodoxe Einstellung hob uns von den anderen ab, auf die wir bisweilen – der Offenheit halber gehört das dazu – mit einer gewissen Arroganz hinabsahen, denn sie waren die Konformisten, wir genau das Gegenteil. Wir fühlten uns wohl in unserer Rolle, erzogen später, nachdem wir schweren Herzens der Konvention nachgegeben und geheiratet hatten, auch unsere Kinder in diesem Sinne: Sie sollten das haben, was wir nicht gehabt hatten, nämlich die freie Wahl, ihr Leben so gestalten zu dürfen, wie sie wollten. Gewiss, als ich älter wurde, kamen mir hin und wieder Bedenken, ob ich auf diese Weise nicht einiges von dem Respekt verspielte, den Kinder einem Vater doch zumindest in wenigen Ausnahmesituationen schuldig waren, aber das war tatsächlich nur in einigen wenigen Augenblicken so, die meiste Zeit war ich zufrieden damit, so zu sein, wie ich war. Dass ich die wunderbarste Frau der Welt gefunden hatte, eine, die absolut zu mir passte, weil sie mit Stammtischparolen schwingenden Machotypen nichts anfangen konnte, Opportunisten nicht mochte und darüber hinaus meinen sensiblen Charakter zu schätzen wusste, machte mein Glück perfekt.

Unsere Vorstellungen von der gemeinsamen Zukunft waren nahezu identisch, und auch, als sich der heißersehnte Nachwuchs ankündigte, stimmten wir auf ganzer Linie überein: Die Kinder sollten sich durch nichts eingeschränkt fühlen, mögen und lieben dürfen, was und wen sie wollten, und es sollte kein einziges Thema geben, über das sie mit uns Eltern nicht reden konnten. Sofern ich jemals von dieser Welt gehen sollte – der gesunde Mensch liebäugelt gelegentlich mit dieser Vorstellung, allerdings nur der, wie ich später begriff –, so würden sie mich als sanftmütigen Menschen in Erinnerung behalten, der ihnen den Weg geebnet hatte in eine Welt, in der es schon viel zu viele Männer wie Chuck Norris gab.

Nun, ich will nicht abschweifen, denn es ist an der Zeit, den Bezug zum Anfang meiner Geschichte wiederherzustellen: Genau wie der Argentinier Bergoglio, so wollte ich mich nach diesem grauenvollen Arztbesuch nämlich um hundertachtzig Grad drehen, wie er würde ich den, der ich bisher gewesen war, komplett hinter mir lassen und als ein ganz anderer nach Hause kommen

– wobei ich in meinem Falle mit Gewissheit behaupten kann, dass dies der reinen Absicht entsprach. Der Weg des neuen Papstes aus dem Konklave zum Balkon war meiner vom Internisten nach Hause: Soeben hatte ich meine Krebsdiagnose erhalten, und tatsächlich war ich in den ersten Minuten danach einfach nur völlig durcheinander, und ein großes Karussell drehte sich unbarmherzig in meinem Kopf.

Der Arzt hatte gesagt, dass es nicht besonders gut um mich stand, hatte mir, weil ich das so wollte – was ich allerdings im gleichen Moment schon wieder bereute – reinen Wein eingeschenkt, leider einen von der übelsten Sorte, denn wenn ich ich eine Chance aufs Überleben haben wollte, dann musste ich mich so rasch wie möglich auf den Operationstisch legen. Der Puls stieg, die Gedanken begannen sich augenblicklich zu drehen, nach diesen nüchternen Sätzen war nichts mehr so wie vorhin, als ich nichtsahnend die Praxis betreten hatte – vollkommen unbedarft, in der Gewissheit, dass auch hier wieder nicht die Ursache für meine Leibschmerzen gefunden würde. Leider war der Mann im weißen Kittel schon sehr bald fündig geworden, offenbarte mir, ich hätte einen großen Tumor im Bauch, der so rasch wie möglich entfernt werden müsse, sofern ich denn überhaupt noch eine Chance haben wolle.

Es waren keine schönen Worte, mit denen er mir dies beibrachte, aber Ärzte müssen auch keine Poeten sein; dennoch dachte ich schon während seines Vortrags, ob er nicht auch die oder andere schonendere Formulierung wählen könnte: Seine Wahrheiten erschlugen mich förmlich, und immer, wenn ich hoffte, dass er jetzt endlich aufhörte, kam ein weiterer Satz, der mich noch mehr aus dem Gleis warf. Aber wie dem auch war: Das Ding hatte sich in den letzten Monaten – möglicherweise Jahren – so breit in meinem Körper gemacht, dass nun absolute Eile geboten war – so viel verstand ich, auch wenn mir allmählich der Kopf zu platzen drohte.

Ich konnte und wollte mir einfach nicht vorstellen, wie es war, tot zu sein; die gelegentliche Koketterie mit diesem Zustand, zu der ich mich früher in philosophischen Diskussionen mit Gleichgesinnten verstiegen hatte, sie erschien mir nun nur noch absurd, ja geradezu infam – nie zuvor war das Leben mir Undankbarem so kostbar gewesen wie jetzt, da es mir nicht mehr selbstverständlich war, und mir wurde mit einem Schlage klar, dass ich mich niemals freiwillig für seine düstere Alternative entscheiden würde, im Gegenteil: Ich leistete bei mir den stillen Schwur, jede Möglichkeit zu nutzen, um einer derart schlechten Variante wie dem Tod nicht den geringsten Vorschub zu leisten.

So beschloss ich in diesem Moment kurzum, ein Kämpfer zu werden, wie er im Buche stand, und zu einem solchen gehörten unvermeidlich völlig andere Wesenszüge, als ich sie bisher an den Tag gelegt hatte: Hart wie John Wayne wollte ich werden, hart gegen mich selbst und gegen andere, vor allem aber gegen den Krebs – wie ein Mann wollte ich kämpfen und notfalls sterben; endlich würde ich ein richtiger Mann sein, einer, der ich noch nie gewesen war, und genau das bereute ich plötzlich zutiefst, denn der andere, der vor wenigen Minuten noch mit weltfremder Einstellung und verklärtem Blick die Praxis betreten hatte, würde der Krankheit in seiner verweichlichten Art niemals standhalten können.

Nur so würde es mir möglich sein – das gehörte zu meiner neuen Denkweise dazu –, mich und meine Familie zu schützen; ich würde endlose Gespräche über die Krankheit verhindern, die alle nur unnötig aufwühlten und ja doch zu nichts führten, und wenn dann trotz meines erbitterten Kampfes der schlimmste Fall eintreten sollte – kurz und hoffentlich zum letzten Mal meldete sich hier mein früheres Ich zu Wort –, dann würden sie mich wenigstens nicht in guter Erinnerung behalten.

Umnebelt von den neuen Erkenntnissen trat ich den Heimweg an, versuchte meine Gedanken zu sortieren, indem ich mir vorstellte, wie ich ins Haus kam und meine Frau mich fragte: „Was war, Schatz? Alles in Ordnung?“ Ich würde ihr zunächst gar nicht antworten, erst dann, wenn sie nachbohrte, mich mit ihren hartnäckigen Fragen immer wieder gnadenlos traktierte, würde ich ihr mürrisch die Überweisung zur Computertomographie auf den Tisch knallen.

Ich stellte mir ihr erschrockenes Gesicht vor, denn auf dem Überweisungsschein stand der schlimme Verdacht, ich musste also kein einziges Wort dazu verlieren. Meine Frau würde mich mit verzweifeltem Blick ansehen und ich nur stumm auf das Papier zeigen.

Vermutlich kam dann von ihr so etwas wie: „Das darf doch nicht wahr sein!“

Darauf gab es von mir – wenn überhaupt – nur die äußerst knappe Antwort: „Ist es aber!“

Knurrig wollte ich werden, wortkarg, kauzig, wie sich das für einen beinharten Kerl geziemte, würde mit unbewegter Miene zuhören, wie sie auf mich einredete, wie sie schließlich kopfschüttelnd mit schwacher Stimme hervorbrachte: „Du bist so völlig verändert! So kenne ich dich doch gar nicht!“

In dem Moment hatte ich es geschafft: Weg vom gefühlsbetonten Weichling hin zu Charles Bronson und Humphrey Bogart. Vielleicht sollte ich mir das Rauchen angewöhnen, kam mir in den Sinn – hatten die in den alten Filmen nicht auch immer gequalmt wie die Schlote? Ein gestandenes Mannsbild wie mich warf das auch nicht mehr um – und wenn schon: Jetzt war doch sowieso alles egal!

Meine Kinder würden beginnen, Fragen zu stellen, besorgte Freunde riefen an, und ich weigerte mich mit entschiedener Geste, ans Telefon zu gehen: „Sag du es ihnen doch.“ Das musste genügen, und durch die offene Tür hörte ich, wie meine Frau unter Tränen Bericht erstattete, während ich in der Küche saß und Bier trank.

Besuch wollte ich keinen haben, ich war schließlich jemand, der nicht gerne über das Thema redete. Thema, das war gut, ich würde die Krankheit nur noch ‚Thema' nennen. Wenn es dann gar nicht anders ging, würden mir, dem Einsilbigen, allenfalls verschrobene Sätze wie „Das wird schon!" oder „Es kommt, wie es kommt!" aus dem verkniffenen Mund fallen.

Ich überlegte, ob ich mir ein Hobby zulegen sollte, das zu einem wie mir passte: Vielleicht könnte ich in den Wald gehen und Holz machen – allein schon der Ausdruck gefiel mir: Macher machten einfach! In meinem früheren Leben hatte ich dieser bei Männern meines Alters sehr beliebten Beschäftigung zwar nicht viel abgewinnen können, aber nun sah ich das plötzlich in einem anderen Licht. Vielleicht hackte ich mir dabei sogar einen Finger ab, das wirkte besonders markig.

Wichtig war auch, dass ich umgehend die Körperpflege vernachlässigte – was ist das schon für ein Mann, der sich jeden Tag unter die Dusche stellt?! Das hörte mir umgehend auf – ein wenig männlicher Geruch tat meiner Umwelt und mir selbst nur gut! Und Stammtisch – ich brauchte einen Stammtisch, da musste ich wenigstens nicht über das ‚Thema' reden, die Herren dort waren alle mindestens genauso unterwegs wie ich, zumal sie es schon viel länger waren.

Meine Gedanken schafften sich regelrecht in Rage, und als sie den Zenit erreichten, stellte ich mir – auch wenn mir das in diesem frühen Stadium meiner Verwandlung noch ein wenig leidtat – die folgende Szene vor: Ich saß vor meiner halb vollen Bierflasche, las den Sportteil der Zeitung mit den großen Buchstaben, und meine Frau kam heran, schlang sanft die Arme um meinen Hals. Ungerührt las ich weiter, sie begann zärtlich zu sein, fragte, ob ich denn nicht endlich einmal reden wolle. Und dann tat ich das, was ich noch nie getan hatte – vielleicht sollte ich es vorher mit einem Dummy üben: Ich stieß sie weg, sanft zwar, damit sie sich nicht verletzte, aber immerhin stieß ich sie weg von mir.

„Er hat sich total verändert“, hörte ich sie darauf ihren Freundinnen klagen, „er lässt niemanden mehr an sich ran.“ Das war gut, genau so musste es sein! Alle würden sie sagen, was ich für ein kauziger Vogel geworden war, alle würden mir ihre Bewunderung zollen, zumindest solche, von denen ich wusste, dass sie mich bisher nur verächtlich von der Seite gemustert hatten.

„Wenn einer den Krebs besiegt, dann so ein hart gesottener Bursche wie er!“ Solche Worte gingen schon jetzt runter wie Butter.

Ich sah das Bild vor mir, wie meine Frau irgendwann mit gepackten Koffern im Hausflur stand. Nicht zu ändern, damit war zu rechnen gewesen. Wortlos würde ich zu ihr gehen, ihr meine rechte Hand schwer auf die Schulter legen und nur das eine Wort sagen: „Bleib!“

Doch sie wollte nicht auf mich hören, wandte sich ab, ging zur Tür, nahm die Kinder an die Hand, die draußen gewartet hatten und nun ängstlich ins Zimmer lugten – meine schöne Frau warf einen letzten besorgten Blick in meine Richtung und eilte dann mit den Kleinen zum bereits wartenden Taxi! Ich zuckte nur mit den Schultern, holte mir ein Bier und ging schweren Schrittes ins Wohnzimmer, wo ich mich vor den Fernseher setzte, kurz das Gesicht in meinen Händen vergrub und mir dann die Sportschau anschaute.

Für eine Minute hielt ich inne auf meinem schwierigen Gang nach Hause an diesem furchtbaren Vormittag: Wenn ich es mir recht überlegte, war da noch einiges an Vorarbeit zu leisten, damit die Transformation auch beim ersten Versuch gelang. So einfach wie bei Franziskus war es in meinem Falle nämlich nicht: Ich musste mich mit Fußball auskennen – das sollte hinzubekommen sein – und die Kunst des Holzhackens lernen – gab es nicht diese Kurse, in denen richtigen Männern, solchen wie mir, der Umgang mit der Motorsäge beigebracht wurde? Den Anschluss an einen Stammtisch musste ich auch noch finden und mich darum schon bald überwinden, mehr als das eine Glas Bier zum Abendessen zu trinken. Es galt also, noch einige Hürden zu nehmen, aber für einen Kerl wie mich würde das ja wohl ein Leichtes sein.

Mit einiger Zuversicht setzte ich mich wieder in Bewegung, bis ich irgendwo am Wegesrand eine Bank entdeckte. Wozu sollte ich mich beeilen? Hieß es nicht immer, man sollte jeden Augenblick seines Lebens genießen, und war dies in meiner Situation nicht besonders angesagt? Folglich ließ ich mich nieder, schloss die Augen und dachte über meine Zukunft nach: Viel davon gab es womöglich nicht mehr – der Genuss des Moments hielt sich damit in Grenzen. Irgendwann würde ich am Krebs sterben, am besten, vermutlich fand man mich tot auf in unserem verlassenen Haus.

Und auf einmal, völlig ungerufen, waren da plötzlich diese Bilder, war da die Szene, wie sie mich, der ich gekämpft hatte wie ein Berserker, am Ende doch zu Grabe tragen mussten: Sie kamen aus der Kirche, der Zug wurde immer länger, im Hintergrund ertönte eine traurige Glocke. Die Feuerwehr stand Spalier – eine große Beerdigung. Meine Frau, gramgebeugt, vor ihr ein fast erwachsener Messdiener mit einer Urne. Es überlief mich kalt: Urne? Ich? Sie hatten mich verbrennen lassen! Und genau das hatte ich doch nie gewollt. Und ihnen auch gesagt. Ich wollte doch einen schönen Eichensarg.

Aber jetzt lag ich da – ein Häufchen Elend in diesem Blumentopf.

Aber egal: Dass man nichts mehr mitzureden hatte, wenn man erst einmal tot war, damit musste man leben. Trotzdem: Hatten wir nicht darüber geredet? Ach nein, ich war in meinem letzten Lebensabschnitt ja nicht mehr der von früher gewesen.

Wenigstens der Pfarrer war richtig.

Jetzt ließ einer die Urne in das dunkle Loch. Ich kannte den Burschen nicht. Die meisten Leute weinten, in den hinteren Reihen reckten einige neugierig die Köpfe. Meine Frau musste gestützt werden. Meinetwegen. Aber der da bei ihr war ... Oh nein, doch nicht der! Warum war ausgerechnet er bei ihr? Mein bester Freund – wie so viele hatte ich ihn nicht mehr sehen wollen.

Ob die beiden etwas miteinander hatten?

Und jetzt führte er sie an mein schwarzes Loch und setzte an zu einer Rede.

Zuerst weigerte ich mich noch, ihm zuzuhören. Sich an meine Frau heranmachen und jetzt den Trauernden spielen! Aber dann fand ich es gar nicht so übel, was er da sagte.

Er redete davon, wie ich mich durch die Krankheit verändert, dass ich niemanden mehr an mich herangelassen hätte. Richtig, genau so war das gewesen! Als er fertig war, weinten alle noch mehr.

Im nächsten Moment marschierte eine Blaskapelle auf! Erneut lief mir ein kalter Schauer über den Rücken, denn ich hatte Blasmusik immer gehasst, das mussten sie doch alle wissen. Aber nein, rief ich mir in Erinnerung, jetzt nicht mehr – mit meinem Wesen hatte sich auch mein Musikgeschmack geändert.

Aber „Ich hatt' einen Kameraden" – musste mir das wirklich auf einmal gefallen?

Ich schüttelte mich und öffnete die Augen. Was ich gesehen hatte, gefiel mir nun wirklich nicht besonders. Vielleicht, ja hoffentlich kam es ja nicht so weit. Mein Gott, die konnten doch heute so viel machen!

Ich spürte, wie sich mein Magen zusammenzog: Konnte es wirklich sein, dass bald alles zu Ende war? Selbst einem so harten Burschen, wie ich künftig einer sein würde, flößte der Gedanke an den Tod Furcht ein, das musste ich zugeben.

„Angst ist ein schlechter Ratgeber" – woher kam plötzlich dieser Satz? Nun gut, ich musste mir deswegen keine Sorgen machen, denn ich würde keine Angst haben – mein altes Ego klebte nur noch zu sehr an mir. Sie alle würden mich als den erleben, der ich wirklich war, schon immer gewesen war! Ich gab mir einen Ruck, stand auf und trat die letzte Etappe meines Heimwegs an. Noch wenige Schritte, und sie würden ihren neuen Ehemann und Vater erleben. Ich atmete tief durch: Vielleicht war ich doch etwas milder zu meiner Frau, als ich mir vorgenommen hatte. Vielleicht könnte ich ihr Kinn in meine Rechte nehmen und sagen: „Schau mir in die Augen, Kleines! Ich schaffe das!" Ganz bewusst würde ich nicht „wir" sagen, denn der Krebs war ganz allein meine Sache. Hinter dem Glas der Haustür sah ich bereits ihren Schatten. Offenbar hatte sie mich kommen sehen. Als meine Frau öffnete, genügte ein einziger liebevoller Blick: Wortlos reichte ich ihr den Packen Papier, den ich in der Hand hielt. Sie wusste nach dem ersten Zettel Bescheid, das erkannte ich an ihrem Gesichtsausdruck.

Ich wankte nach vorn – die Feuchtigkeit in meinen Augen passte zwar absolut nicht zu dem, was ich mir in der letzten Stunde vorgenommen hatte, aber waren Pläne nicht schon immer dazu dagewesen, um über den Haufen geworfen zu werden? Ich war nun einmal kein Papst, für den es kein Zurück mehr gab.

Widerstandslos ließ ich mich von meiner geliebten Frau in die Arme nehmen.

Extra

Eine kleine Handreichung zum Umgang mit Krebskranken

Krebs zu haben ist stets mit einem hohen Anspruch verbunden. Der Patient weiß, dass er in der oberen Liga der Krankheiten angelangt ist, selbst die Ärzte gestehen ihm dies ebenfalls zu, ebenso wie die Mitmenschen – genau um die soll es in dieser kleinen Handreichung für den Umgang mit Krebskranken gehen.

Besagte Zeitgenossen liefern nämlich keineswegs ein homogenes Bild ab, ebenso wenig wie es die Gruppe der Betroffenen tut. Deshalb sei zunächst ein kurzer Blick auf die letztere erlaubt, denn schließlich ist es wichtig, sich mit beiden Seiten zu beschäftigen, um bei der jeweiligen Begegnung die richtigen Schlüsse ziehen zu können: Wir alle kennen „die Knurrhähne" unter den Patienten, solche Menschen also, die bereits aggressiv reagieren, wenn sie nur auf ihre Erkrankung angesprochen werden. Bereits die simple Frage „Wie geht's?" ist für sie zu viel des Guten, sie hadern mit ihrem Schicksal, und ihre Gedanken drehen sich einzig und allein um die Frage, warum es gerade sie und nicht den üblen Burschen von nebenan erwischt hat.

Demgegenüber gibt es diejenigen, die ich als „die Extrovertierten" bezeichnen möchte, solche also, die uns im ersten Gespräch ihr Innerstes enthüllen, auch dem Unbekannten gegenüber keinen Hehl aus ihrem Seelenleben machen und all ihren Ängsten und Nöten bei jeder Gelegenheit Luft zu schaffen verstehen. Diese Patienten halte ich – meines Zeichens selbst Betroffener – für äußerst beneidenswert, denn sie schaffen es, sich vom seelischen Ballast zu befreien und können sich mit ihrer ganzen Kraft auf die Bewältigung der Krankheit konzentrieren. Dass sie dabei ihren Mitmenschen bisweilen auf die Nerven gehen, kümmert sie nicht; bereits im Leben vor dem Krebs nutzten sie jede Gelegenheit, um ihrem Narzissmus freien Lauf zu lassen, und wenn sich ein Gespräch einmal nicht um sie drehte, so brachten sie es meist rasch fertig, sich ins Zentrum desselben zu stellen.

Zwischen diesen beiden Polen gibt es nun einige weitere Gruppierungen:

➢ **„Die Fatalisten“:** Sie geben sich den Anschein absoluter Sachlichkeit und scheinen genau um ihre Chancen zu wissen – man hat sich mit dem Schicksal abgefunden und versucht nun, das Beste daraus zu machen. – Beliebtes Zitat: „Erzähl mir doch nichts. Ich weiß genau Bescheid.“

➢ **„Die Trotzigen“:** Sie genießen ihr Leben gerade jetzt in vollen Zügen, leben im Hier und Jetzt und verschlingen haufenweise psychologische Populärliteratur, die ihnen gegen teures Geld zeigt, wie man sich selbst lenkt oder den Weg zum eigenen Ich findet. – Beliebtes Zitat: „Jetzt weiß ich erst, was Glück wirklich ist.“

➢ **„Die Ignoranten“:** Sie tun so, als würde es ihre Krankheit nicht geben, und frönen weiter munter den Lastern, die erst den Boden für dieselbe bereitet haben: Schnaps trinkend und Zigaretten rauchend stehen sie vor den Reha-Kliniken und lassen sich durch nichts, aber rein gar nichts von ihrem bisherigen Lebensweg abbringen. – Beliebtes Zitat: „Die Ärzte können mir viel erzählen“

➢ **„Die Muffigen“:** Sie wollen nicht auf die Krankheit angesprochen werden (siehe oben: Frage „Wie geht's?“), verweigern jede Auskunft, wenn dies doch einmal geschieht. Menschenansammlungen von mehr als drei Personen meiden sie, psychologische Hilfestellungen werden strikt abgelehnt. – Beliebtes Zitat: „Leck mich am ...“

Es gäbe noch einige Kategorien mehr zu nennen, doch würde das den Rahmen dieser Ausarbeitung leider sprengen. Dennoch sei es erlaubt, das Augenmerk auf eine weitere Gruppe zu richten, zumal sich der Autor in aller Bescheidenheit selbst dazu zählt. Wir nennen sie schlechthin „die Intelligenten" – wenn zwei Begriffe gestattet wären, gerne auch „die Sympathischen": Sie drängen sich nicht auf mit ihrer Krankheit, geben aber freundlich Auskunft, wenn sie danach gefragt werden und erwecken den Anschein, dass sie gut mit ihrer Situation zurechtkommen.

Auf den ersten Blick ein wenig knorrig, nicht von aufdringlicher Redseligkeit, aber völlig offen, wenn das Gegenüber es wünscht: Der Eindruck, der bleibt, ist vom Allerfeinsten, denn da ist einer, der versucht, rational und besonnen mit der Krankheit umzugehen – er trägt seine inneren Qualen mit sich selbst aus, will niemanden belasten und hat aus dem eigenen Schicksal eine immense Weisheit gezogen, die er bei Bedarf gerne mit anderen teilt. Die Wirkung seines zurückhaltenden Wesens bleibt nicht aus: Man sucht ihn gerne auf, hört ihm zu und schätzt seinen klugen Rat!

Die unaufdringliche Art und Weise, mit der das ihm leider nun einmal auferlegte Schicksal ertragen wird, verspricht dem derart Gebeutelten die größtmögliche Aufmerksamkeit, und er darf hinter seiner anspruchslosen Fassade sämtliche Vorteile der Krankheit auskosten, ohne dass die Umwelt auch nur einen Hauch davon bemerken würde; klammheimlich erfreut er sich daran, zumindest einmal im Mittelpunkt des Geschehens zu stehen, wobei es äußerst hilfreich ist, immer wieder zu betonen, dass er genau dies nicht möchte.

Es versteht sich von selbst, dass dabei unbedingt eine gesunde Distanz zu hypochondrischem Denken an den Tag zu legen ist, und auch wenn der Patient in seinem Inneren nicht weit davon entfernt ist, so sollte er es doch stets so einfädeln, dass diese Gedanken von außen an ihn herangetragen wurden und er sich dann gleichsam breitschlagen lässt, ihnen Raum in seinen verschlungenen Hirnwindungen zu geben. Aber ein solches Maß an Über- und Weitsicht bringt freilich erst die Zeit mit sich.

Fassen wir zusammen: Nach außen sollte es nie das Anliegen sein, über die Krankheit zu reden, schon gar nicht, wenn nicht danach gefragt wird; kommt aber dennoch die Rede darauf – dies kann vom Betroffenen recht einfach mit der Frage nach der Erkrankung anderer erreicht werden –, so sollte stets versucht werden, Optimismus zu verbreiten, und nichts hinterlässt mehr Eindruck, als wenn derart positive Äußerungen ausgerechnet vom Patienten selbst kommen: Was für eine starke Persönlichkeit muss er sein, wenn er in seiner Situation noch die Kraft aufbringt, anderen Mut zuzusprechen!

Ab und an könnte noch eingeworfen werden, dass es dem eigenen Charakter absolut fremd ist, Menschen, die offenbar wenig Interesse daran haben, über den eigenen Lebensweg ins Bild zu setzen. Die Entrüstung wird groß sein beim Zuhörer und das Urteil über solche Dummköpfe vernichtend – erneut kann der Kranke punkten, dies noch mehr, wenn er im gleichen Atemzug sogar um Verständnis für solche Ignoranz wirbt und argumentiert, dass diese für ihn doch nur auf eine typisch menschliche und darum verständliche Schutzfunktion zurückzuführen ist; so gelingt es ihm spätestens jetzt, die ihm andächtig lauschenden Weggefährten nicht nur zum Mitleid, sondern auch zum Mitleiden zu bewegen – und wenn diese daraufhin die Betroffenheit so sehr mitnimmt, dass sie angesichts der ihnen selbst vom Schicksal geschenkten Gesundheit das schlechte Gewissen übermannt, so ist wieder er derjenige, der mit traurigem Blick Trost spendet und sie bittet, das eigene Wohlbefinden doch um Himmels willen wertzuschätzen und zu genießen, solange es nur möglich ist; auf ihn sollen sie dabei keine, aber wirklich: absolut keine Rücksicht nehmen.

Wenn also all dies befolgt wird, so darf der – ich wiederhole mich – ebenso intelligente wie sympathische Kranke bedenkenlos die Gefühlswallungen in den Gesichtern genießen, die kleinen Gesten, mit denen vergebens versucht wird, ihn aufzubauen, denn genau das hat er sich jetzt schließlich auch verdient: Wenn dem Krebspatienten nämlich überhaupt etwas anderes als das Skalpell zu helfen vermag, so ist es doch die ungeteilte Zuwendung seiner Mitmenschen, die ihm Kraft gibt beim Ausfechten seines tapferen Kampfes!

Nach dieser kurzen und zuletzt doch sehr persönlich gewordenen Einführung in die subtile Gefühlswelt der Betroffenen nun aber zu denjenigen, die die Kranken nicht nur zu ertragen, sondern ihnen auch Trost zu schenken haben, von denen wir, die wir jenseits von Gut und Böse sind, also mit Fug und Recht verlangen dürfen, dass sie uns ihre ganze Aufmerksamkeit und Empathie zukommen lassen: Wie hier, so ist auch dort von einer starken Heterogenität auszugehen, die indes noch weit breiter gefächert ist, da es in diesem Falle nicht die vereinende – und auch ein wenig einengende – Klammer der Krankheit gibt. Ich stütze mich hierbei auf eine kleine Studie, die ich selbst erstellt habe, wobei der Anspruch auf Vollständigkeit – dies ist derart wissenschaftlichen Untersuchungen gemein – natürlich nicht erhoben werden kann.

Beginnen möchte ich mit einer bei uns Krebskranken wenig beliebten Gruppe, die ich „die Mitfühlenden“ nennen möchte: Nach dem Bericht über unsere Krankheit schlagen sie die Hände über dem Kopf zusammen und lassen verzweifelte Rufe hören: „Ach du Armer! Meine Tante hatte das auch! Was hat die mitgemacht! Sie hat so gekämpft und trotzdem hat ihr am Ende alles nichts genutzt und sie ist elendiglich daran gestorben!“

Es liegt auf der Hand, dass hieraus nicht sonderlich viel Mut geschöpft werden kann, zumal uns eine nur wenig erbauliche Zukunftsperspektive mit auf den Weg gegeben wird.

Nicht gerade beliebt in unseren Kreisen sind auch „die Relativierer“, böse Zungen nennen sie gar „die Bagatellisierer“: „Es gibt

Schlimmeres", lautet ein beliebter Kommentar, dem aber so gut wie nie konkrete Beispiele folgen. Diese Gruppe hat – so meine Beobachtung – in letzter Zeit einigen Zuwachs erhalten, ja, sie erfährt hin und wieder sogar Unterstützung aus der Ärzteschaft. Ich erinnere mich in diesem Zusammenhang an den Chefarzt, der mich bei Antritt einer Rehabilitationsmaßnahme doch tatsächlich fragte: „Warum haben Sie das denn operieren lassen?" Ich war etwas perplex, mir lag die giftige Antwort auf der Zunge: „Aus kosmetischen Gründen, das Organ hat vor allem den ästhetischen Ansprüchen meiner Frau nicht mehr genügt", doch antwortete ich dann der Wahrheit gemäß: „Weil es eine Metastase war und die Tumorkonferenz der Uniklinik das so beschlossen hat." Erst dann sah er in seine Unterlagen und nickte einsichtig.

Unweit dieser Kategorie sind auch die „Oberflächlichen" angesiedelt: Sie können nicht einsehen, dass die Gesamtsituation nun eine andere ist, laden (sich) fröhlich zur Feierrunde ein und machen einzig das Zugeständnis, nunmehr „auf den Schrecken" einen trinken zu wollen – der Anlass hat sich geändert, nicht aber die Tätigkeit. Bei ihnen muss sich der Kranke dann jeweils entschuldigen, bei entsprechender Hartnäckigkeit auch Ausreden erfinden, da ihm soeben aus offenbar nicht für jeden nachvollziehbaren Gründen nicht nach stammtischgeschwängerter Bierseligkeit zumute ist.

Ein Ausbund an Einfühlsamkeit sind oft auch solche Mitglieder dieser Gruppe, die den Patienten – meist mit kräftigem Schlag auf die Schulter – zum Kämpfen auffordern. Fragen drängen sich dabei auf: Spricht man mir hier etwa tatsächlich meine Kämpfernatur ab und warum? Erwecke ich den Anschein eines, der sich bereits aufgegeben hat? Hinzu kommt, dass mein Part in der ganzen Angelegenheit doch wohl kein sonderlich aktiver ist, denn lasse ich nicht einfach nur alles mit mir geschehen? Wer in Narkose daliegt, dem fehlen zumindest für diese Zeit die Mittel zum Kampf. In ebendiese Kerbe schlägt auch das Lob nach überstandener Operation: „Das hast du gut gemacht!“ Was habe ich denn getan – außer ein ausgiebiges Nickerchen zu halten? Aktiv waren in den vergangenen Stunden doch nur die Ärzte, sie haben meinetwegen auch gekämpft, aber gut, man sollte ein Lob nicht einfach liegenlassen, und sofern die Tatsache, alles über sich ergehen zu lassen, bereits Kämpfen ist, dann, ja dann will ich mich gerne zu den Kämpfern zählen!

Wenig hilfreich sind ferner „die Zuversichtlichen“: „Du schaffst das!“ Woher nehmen sie diese Zuversicht? Wo bleibt ihre Rolle in dem Spiel? Muss ich das ganz alleine schaffen? Der Druck auf den Kranken wächst. Der Vollständigkeit halber sei hier noch der beliebte kurze Satz „Das wird schon“ genannt, der von den etwas diplomatischeren Vertretern dieser Gruppe gerne verwandt wird, deshalb aber nicht weniger kontraproduktiv ist. Worin begründet der Sprecher seine Gewissheit? Sofern die Ärzte dies äußern würden, wäre das in Ordnung, aber aus offenbar gutem Grund tun sie es eben nicht – somit stellt sich dem ohnehin zur Grübelei tendierenden Kranken an dieser Stelle die Frage nach dem Warum, wobei die Antwort ja wohl in der Luft liegt.

Nicht besser schneiden „die Deprimierten“ ab, wenngleich ihre Reaktion schon etwas unkonventioneller ist: „Krebs ist schlimm, ja, aber das, was im Moment auf der Welt zugeht, bedrückt mich so sehr, dass ich gerne mit dir tauschen würde.“ Ob ich mich entschuldigen soll, weil ich mir herausnehme, dass mich im Moment mein Krebs am meisten bedrückt und ich deshalb gerne auf den Rollenwechsel eingehen würde?

Es folgen „die Zurückhaltenden“, auch „die Sensiblen“ genannt: Einmal ins Bild gesetzt, reagieren sie so sensibel, dass sie sich aus Zurückhaltung nicht mehr bei dem Erkrankten melden. Auf Nachfrage kommt die einleuchtende Erklärung: „Ich habe schon ein ganz schlechtes Gewissen, aber ich ging davon aus, dass du dich meldest, wenn dir danach ist. Ich wollte mich nicht aufdrängen, denn du weißt ja auch so, dass ich immer für dich da bin.“

Nur nicht dann, wenn ich dich brauche! – dieser barsche Gedanke darf an dieser Stelle wohl erlaubt sein.

Fast auf einer Stufe mit diesen „Sensiblen" stehen „die Ängstlichen": Sie reden mit unseresgleichen über Gott und die Welt, aber nicht über die Krankheit: Man traue sich nicht, so die Antwort, wenn sie vom Krebspatienten, der ja nun mit seinen Gedanken nicht mehr hinter dem Berg halten muss, darauf angesprochen werden. Erst jetzt vermögen sie es, ihre Angst in Worte zu fassen: Ganz offenbar haben sie mit einem Nervenzusammenbruch gerechnet, sofern die Krankheit auch nur erwähnt wird – nein, das haut nun wirklich keinen mehr um, der die drastischen Offenbarungen der Ärzte gewohnt ist.

Nicht sehr gut gelitten sind auch „die Psychologen": „Du musst loslassen, du kreist nur noch um dich!" Ob da die Aufforderung mitschwingt: „Kreise auch mal um mich"? Und was, bitteschön!, soll ich denn loslassen? Das Leben ganz bestimmt nicht, ich hänge an ihm – wie es an mir, wir beide haben uns im Laufe der Jahre doch sehr aneinander gewöhnt. Im weiteren Sinne sind zu dieser Gruppe auch jene Vertreter zu zählen, die dazu auffordern, den Kopf nicht hängen zu lassen, oder nur – noch kürzer – die beiden Worte „Kopf hoch!" imstande sind hervorzubringen. Letztere haben zwar nicht so viele Ratgeber gelesen wie die eigentlichen Psychologen, wissen aber dennoch, was in dieser Situation schnell und ohne großen Aufwand zu helfen vermag.

Eine diebische Freude bereiten Patienten wie mir dagegen immer wieder „die Neugierigen": Sie interessieren sich im Grunde nicht für den Kranken, ihre Fragen zielen auf Wissenslücken – Lebenserwartung, Verfassung der Angehörigen, Schuldzuweisungen: Wer kümmert sich, wer kümmert sich nicht? – und scheinbare Widersprüche – „Die oder der hat aber doch gesagt": Der sich Erkundende ist offenbar einem Wissbegierigen im Hintergrund im Wort, der druckfrisch mit den neuesten Informationen versorgt werden muss; es geht also um Gesprächsstoff, und den sollte man ihm darum reichlich liefern! Kleine Übertreibungen erfreuen das Herz und werten zugleich die Position des Kranken auf, dezente Seitenhiebe auf die Auftraggeber, deren Identität erahnt werden kann, sind selbstverständlich statthaft – man darf darauf vertrauen, dass sie umgehend weitergegeben werden –, Ungereimtheiten bei ärztlichen Aussagen sollten nicht aufgelöst werden, denn das Interesse des Fragenden könnte sonst rasch abflauen. Bei solcher Gesprächsführung darf man mit an Sicherheit grenzender Wahrscheinlichkeit davon ausgehen, dass der Anrufer – ein Besuch ist meist zu kompliziert – sich erneut melden und das ebenso hintergründige wie amüsante Interview zu gegebenem Zeitpunkt fortführen wird.

Unbedingt zu nennen in dieser Abhandlung sind „die Harten", die dem Erkrankten in strengem Tonfall befehlen: „Du meldest dich, wenn du mich brauchst!" Der Kommandoton lässt uns zusammenschrecken, verspricht aber für den Ernstfall doch Kompetenz und tatkräftiges Anpacken – leider nur mit dem Haken, dass wir nicht wissen, wie hoch die Messlatte für diesen Ernstfall liegt, und man wohl damit rechnet, dass wir zum letzten Atemzuge zaudern, um die entschlossene Hilfe auch wirklich anzunehmen.

Einen kleinen Unterschied machen in diesem Zusammenhang „die Diplomatischen": „Melde dich, wenn du mich brauchst!" Nur leicht umgestellt, der Satz „der Harten", und dennoch schwingt hier durchaus eine Portion Empathie mit, die Hoffnung auf echte Unterstützung macht. Natürlich ist immer noch der Kranke der Handelnde, das eigene Nicht-Handeln wird hinter vornehmer Zurückhaltung versteckt: Man drängt sich nicht auf, weiß, wie es in dem Kranken aussieht, das einmal ausgesprochene Angebot steht im Raum, und es kann nur noch gehofft werden, dass es niemals in Anspruch genommen wird.

Man mag dem Urheber dieser Zeilen der vielen Negativbeispiele wegen nun eine gewisse Misanthropie unterstellen – dass ihm dies in seiner privilegierten Stellung des Todkranken gleichgültig sein darf, liegt auf der Hand –, doch entspricht diese Annahme keineswegs der Realität, zumal die charakterlichen Vorzüge des Erkrankten eingangs klar herausgearbeitet wurden. Und dieser sieht selbstverständlich auch die positiven Züge einer großen Gruppe von Mitmenschen, die er gerne kurz „die Guten" nennen würde, sie aber, weil dies zu unwissenschaftlich klingt, einfach als „die Ehrlichen" tituliert: Sie sorgen sich aufrichtig, drängen sich nicht auf, helfen, wann immer es geht, pflegen den Umgang mit dem Krebspatienten genauso wie zu Zeiten, als er gesund war, und geben ihm das gute Gefühl, dass sie nichts weniger als nur für ihn da sind.

Das mag pathetisch klingen, aber nach dem, was alles negativ aufgefasst werden könnte, ist es an der Zeit, nach den vielen schlechten endlich auch einmal gute Zensuren zu erteilen: Denn er darf das eine wie das andere, unser Krebspatient, wie er überhaupt so ziemlich alles darf! Rein prophylaktisch sei an dieser Stelle dem Vorwurf begegnet, in dieser Auflistung negativen Verhaltensweisen deutlich mehr Raum geschenkt zu haben als positiven: Zum einen sind erstere viel vergnüglicher zu lesen, und zum anderen, was natürlich der wesentlichere Grund ist, scheint es in diesem Falle naheliegender, aufzuzeigen, wie man es nicht machen sollte – alles andere würde nämlich den Rahmen einer empirischen Arbeit wie dieser deutlich sprengen. Egal wie: Ins Herz geschlossen habe ich beide Seiten – sei es auch nicht immer der aufrichtigen Anteilnahme, sondern des hohen Unterhaltungswertes wegen.

Gegen Ende sei noch eine kurze Reflexion über eine Alltagsfloskel gestattet, die vielen einfach nur nichtssagend erscheint, nämlich die Frage „Wie geht's?". Tatsächlich gibt es Hardliner unter den Kranken, die äußerst aggressiv darauf reagieren: Jeder wisse schließlich, wie es einem gehe, da müsse man nicht noch so dämlich fragen – doch zumindest für den Krebskranken, der wie ich nicht zu den Fundis, sondern zu den Realos der onkologischen Patientenfraktion gehört, scheint diese Frage tatsächlich – natürlich in angemessener Form vorgebracht – in bestimmten Situationen statthaft zu sein. Ein Kardinalfehler sollte dabei allerdings vermieden werden, nämlich der, ihr gleich die Antwort folgen zu lassen – dies wäre augenblicklich mit der Einordnung in die Rubrik der Oberflächlichen verbunden.

Zur Veranschaulichung sei ein kurzer Dia- eigentlich ein Monolog mit einem Arzt auf dem Flur einer Reha-Klinik wiedergegeben: „Wie geht's?", seine Frage. „Gut?", seine Antwort. Er ließ dem Patienten nicht die geringste Chance für eine Entgegnung, denn schon war er wieder vorbei. Am Rande sei hier eine gut in den Kontext passende Episode geschildert, die dem bisweilen doch recht feuilletonistischen Stil des Autors – vielleicht auch einer gewissen Boshaftigkeit – geschuldet ist, wobei der Leser mit Blick auf dessen Erkrankung aber unbedingt Nachsicht zu üben hat; es handelt sich um einen Anruf eines Arztes – womöglich war es wieder derselbe, der ihn ein paar Tage zuvor so wissbegierig nach seinem Wohlergehen fragte:

> **Patient:** *(Meldet sich mit Nachnamen.)*
> **Arzt:** Können Sie um halb zehn bei mir sein?
> **Patient:** Ja.
> **Arzt:** Wie ich mich freue: Sie hören sich schon so sehr viel besser an als neulich.

Zwei Worte waren ausreichend für die Expertise – und da müssen sich Ärzte oft nachsagen lassen, es mangele ihnen an Menschenkenntnis!

Dennoch, und da kehre ich wieder zu meinen Überlegungen vor dem kleinen Exkurs zurück: Nicht alles ist oberflächlich, was oberflächlich klingt. Die simple Frage „Wie geht's?" hat hin und wieder durchaus ihr Positives, denn zumindest fühlt sich der

Kranke mit seiner Diagnose noch der gängigen Messskala zugehörig, er wird das gefragt, was man Gesunde auch fragt, und wer sagt denn schließlich, dass nicht auch im üblichen Umgang miteinander die Antwort – mit Verlaub – „Beschissen" darauf folgen darf. Wenn dann die diskutierte Frage noch mit einem Zeitadverb versehen wird: „Wie geht's dir heute?", so deutet dies aus meiner Sicht durchaus auf ein ehrliches Interesse hin: Man zeigt sich am Verlauf des Befindens interessiert, will keinesfalls nur eine Momentaufnahme, und signalisiert zu wissen, dass es bei einer Krankheit wie Krebs eben mal schlechter und mal besser gehen kann.

Zum Schluss noch einige Versatzstücke, bei denen es mir nicht gelungen ist, sie in einen angemessenen Zusammenhang zu integrieren, die aber dennoch in einer Handreichung wie dieser nicht fehlen dürfen: So schlagen bei derart gefestigten Patienten wie dem Verfasser klare Lobesworte: „Du bist so tapfer!" oder auch deutliches Bedauern ganz hervorragend an: „Was bist du für ein armer Kerl!" Übergroßes Mitleid – ausgedrückt im Anzünden von Kerzen oder gar dem Bestellen einer Messe – wirkt dagegen einschüchternd und macht dem Erkrankten unnötigerweise bewusst, dass er tatsächlich schon ziemlich krank sein muss. Dass man sich von ihm abgewandt hätte, weil man offenbar glaubte, Krebs sei eine ansteckende Krankheit, kann nur für wenige Einzelfälle bestätigt werden. Ein Leidensgenosse, der allerdings dem Fundi-Flügel angehört und dessen Aussage darum mit einiger Vorsicht zu genießen ist, gab an, in dieser Hinsicht ganz andere Erfahrungen gemacht zu haben: Unzählige Freunde und Bekannte hätten ihm den Rücken gekehrt seit der Bekanntgabe seines Krebses, er habe darum weit über hundert Kontakte aus seinem Handy gelöscht. Der Autor selbst hat eher aus anderen Gründen nichts von ebenso mitfühlenden wie still leidenden Zeitgenossen gehört und verweist hier auf die ein oder andere oben genannte Kategorie.

Schlussendlich ein wohlgemeinter Tipp, den es unbedingt zu beherzigen gilt: Verzichten Sie – gerade nach langer Zeit – auf Besuche beim Kranken. Gerade solche Ankündigungen haben mir immer Angst gemacht – Sie merken, dass mich die eigene Betroffenheit von der wissenschaftlichen Erzählhaltung zum Ich-Erzähler wechseln lässt: Ich möchte nicht noch einmal – im Sinne vom letzten Mal – gesehen werden, gerade vor schwierigen Operationen, wie mir wohl gerade wieder eine ins Haus steht, ist dies wenig hilfreich fürs Gemüt. Wenn die Besucher, vor allem solche, die sich jahrelang rar gemacht haben, plötzlich an der Haustüre Schlange stehen, so drängt sich jedem normal Denkenden – und dazu darf man tatsächlich auch die Gruppe der Krebskranken rechnen – eine gewisse Ahnung auf, warum sie das denn nur tun mögen, und dies erzeugt letztlich nur ein unangenehmes, flaues Gefühl im Magen.

Lasst uns darum bitte den Triumph eures schlechten Gewissens, kommt später meinetwegen dorthin, wo wir uns eurer nicht mehr erwehren können, aber lasst uns gerade jetzt um Himmels willen in Frieden! Nun soll dieser pessimistische Ausblick aber doch nicht der Schlusssatz sein, denn letzten Endes, da bin ich mir sicher, werden weder die Hoffnung noch der Patient sterben: Und dann werde ich ganz gewiss voller Reumut die unangemessenen Urteile lesen, die hier von mir gefällt worden sind, sie uminterpretieren, nur auf meine damalige Verfassung zurückzuführen versuchen und vor allem bei dem Arzt Abbitte leisten, der mich auf seine Frage nach meinem Wohlergehen vielleicht sogar ausreden und ihm aus eigenem Antrieb ein überzeugtes „Gut!“ entgegenwerfen lässt. ❑

Vom Autor mitherausgegeben

Geschichten, die das Leben schreibt

Marie Luise Blanke:
AM WINDTELEFON
Kurze Geschichten über Lebenswege, die berühren
160 Seiten. ISBN 978-3-943580-31-0

Die Geschichten in diesem Buch sind wie die Gespräche an dem Windtelefon, das in Japan auf einem Hügel mit Meerblick steht und Menschen Trost spendet, die ihre Liebsten bei dem verheerenden Tsunami verloren haben. Das Telefon ist nicht angeschlossen, aber der Wind trägt die Botschaft von Seele zu Seele. ◄

Dunkle Schatten auf dem Urlaubsparadies

Kristina Seibert:
In den Fluten der Nordsee
Romantik-Thriller. 200 Seiten
ISBN 978-3-943580-44-0

Warum hält Mattis sich vom Wasser fern, obwohl er in einem Urlaubsparadies an der friesischen Nordseeküste lebt? Johanna versucht, die dunklen Schatten zu ergründen, die so schwer auf seiner Dichterseele lasten. Die junge Frau aus dem Westerwald ahnt dabei nicht, in welche Gefahr sie sich begibt. ◄

Trügerische Land-Idylle

Christiane Fuckert:
Die stille Stube
Roman. 352 Seiten. *Eine Koproduktion mit dem Verlag Christoph Kloft und dem Gardez! Verlag Michael Itschert*
ISBN 978-3-89796-270-5

Lydia Brause schien glücklich, das Auskommen auf dem Hof gesichert. Was auch immer im Tal geredet wurde: Ihr Gustav beschützte sie. Doch als der Bauer plötzlich stirbt, droht seine Witwe nicht nur an der Trauer zu zerbrechen. Was hat Gustav ihr verschwiegen? Und was verbirgt die Kammer, die sie nicht zu betreten wagt? ◄

Die etwas anderen Bücher aus dem ...

Weitere Tipps für die Zeit nach diesem Buch

Für alle, die noch träumen können

René Klammer:
Wir kannten uns
Roman
192 Seiten. ISBN 978-3-943580-08-2

Frederick verkauft Gießkannen und schreibt einen Wanderführer; seine Freundin möchte heiraten. Alles scheint geregelt, bis ein Foto ihn aus der Bahn wirft: Ist das nicht Katharina, die damals mit den Grünen Pinguinen auf die Barrikaden ging? Seit 15 Jahren haben sie sich nicht gesehen.Wird er sie wiederfinden? ◄

Das Buch nicht nur zum Wein

Guntram Althoff:
Der Null-Promille-Winzer
Eine Rheinhessen-Rheingau-Schweiz-Südafrika-Geschichte
164 Seiten. ISBN 978-3-943580-32-5

Ein Winzer, der keinen Wein trinkt und den es von Rheinhessen in den Rheingau zieht. Eine schwarze Studentin aus der Schweiz, die Ingelheimer Weinkönigin werden möchte. Kurzweiliges und Wissenswertes über den Weinbau. Und dann auch noch die verzweifelte Suche der jungen Frau nach ihren Wurzeln in Südafrika. ◄

Kurzweilig und tiefsinnig

Bernd Nagel:
nur mal angenommen
16 Miniaturen und zwei Gedichte
128 Seiten. ISBN 978-3-943580-48-8

Nur mal angenommen, ein Graffiti veränderte ein ganzes Leben, die Wohnungswände hätten Szenen aus dem Leben früherer Bewohner gespeichert – oder jemand wäre ganz einfach zufrieden mit dem, was er hat. – Ein Buch voller überraschender Wendungen, folgenschwerer Entscheidungen und manch Rätselhaftem. ◄

Der Autor

Christoph Kloft, geboren 1962 in Limburg, studierte in Mainz, Gießen und Koblenz Germanistik, Allgemeine Sprachwissenschaft, Komparatistik und Katholische Theologie. Nach dem Studium volontierte er bei der Thüringer Allgemeinen, wo er 1992 Redakteur wurde. Sein erster Roman „Katerstimmung" erschien 1993. Seit 1998 arbeitet er freiberuflich als Autor und betrieb von 2004 bis 2022 einen eigenen Verlag.

Christoph Kloft ist Mitglied im rheinland-pfälzischen Schriftstellerverband (VS) und im Literaturwerk Rheinland-Pfalz-Saar. Er lebt mit seiner Familie im Westerwald.